KB269281

종교에 관련된 직업

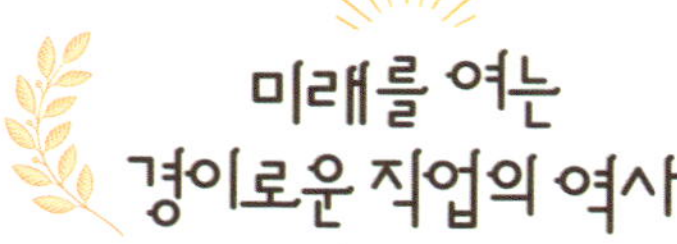

종교에 관련된 직업

성직자

박민규 지음

내가 정말로 원하는 직업은 무엇일까?

'선생님'이 되어 아이들을 가르치고 싶은 사람도 있고, '의사'가 되어 아픈 사람을 치료해 주고 싶은 사람도 있고, '경찰관'이 되어 범죄를 저지른 사람을 잡고 사람들을 돕고 싶은 사람도 있을 것입니다. 선생님, 의사, 경찰관이 '된다'는 것은 바로 선생님, 의사, 경찰관이라는 '직업을 가진다'는 의미입니다.

우리는 저마다 자신의 희망, 적성, 능력에 따라 직업을 가집니다. 직업이란 사람이 경제적 보상을 받으면서 자발적으로 하는 지속적인 활동입니다. 직업을 가지게 되면 기본적인 경제생활을 할 수 있는 소득을 얻고, 사회 발전에 이바지할 수도 있고, 무엇보다도 자기가 가지고 있는 꿈을 실현할 수 있습니다. 그래서 한 사람이 살아가기 위해서는 '직업'을 가지는 것이 매우 중요합니다.

직업을 가지려면 먼저 그 직업이 하는 일은 무엇이며, 그 일을 잘하기 위해서는 어떤 능력이 필요하고, 사회에서 하는 역할이 무엇인지

아는 것이 중요합니다. 그래야 자신의 꿈을 이룰 수 있는 직업을 선택하고, 그 직업에 필요한 능력을 미리 갖출 수 있기 때문입니다.

2021년 기준 한국에는 약 1만 7천여 개의 직업이 있고, 해마다 새로운 직업이 생겨나고 있습니다. 수많은 직업 중에서도 특히 많은 사람이 관심을 갖는 직업들이 있습니다. 우리는 이 직업들이 처음에 어떻게 생겨났고, 시대의 변화에 따라 바뀐 점과 바뀌지 않은 점이 무엇인지 살펴볼 것입니다. 달라진 점을 살펴보면 그 직업이 앞으로 어떻게 변할지 예측해 볼 수 있습니다. 또한, 달라지지 않은 점을 바탕으로 그 직업의 진정한 의미와 가치를 찾아낼 수 있을 것입니다.

이 책이 여러분에게 '내가 정말로 원하는 직업이 무엇인지' 생각해 보고, 미래를 준비하는 데 도움이 되기를 바랍니다.

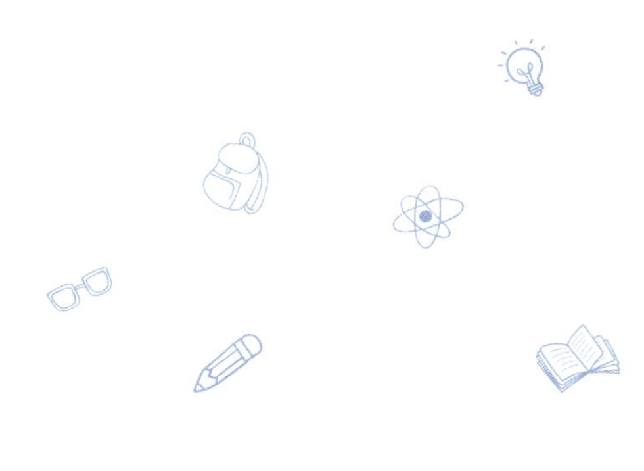

신과 인간을 중재하는 성직자

오랜 옛날부터 사람들은 절대적인 힘을 가진 신이 세상 만물을 다스린다고 믿었습니다. 웅장한 자연을 바라보며 경외심을 느낀 사람들은 신에게 감사하며 소원을 이루어 달라고 기도했습니다. 그렇게 신에 대한 믿음(신앙)과 종교가 생겨났고 종교와 관련된 일을 전문으로 맡아 하는 사람이 등장했습니다. 이들을 가리켜 '성직자'라고 부릅니다.

성직자는 사람과 신을 연결하는 존재였습니다. 시간이 흐르면서 성직자는 종교 의식을 주관하는 것뿐만 아니라 사람들에게 정신적, 도덕적 지침을 마련하고 삶의 방향을 알려주는 존재로 자리 잡았습니다.

성직자는 여러 종교에서 다양한 형태로 존재하며 핵심적인 역할을 맡아왔습니다. 불교에는 '승려', 가톨릭에는 '사제', 개신교에는 '목사', 이슬람교에는 '이맘' 등이 있습니다. 성직자의 중요한 임무는 예배, 설교, 기도, 상담입니다. 성직자는 사람들에게 신앙심을 심어주고 종교 예식을 치르며, 위로와 희망을 전합니다.

이 책은 '성직자'라는 직업이 언제 어떻게 탄생해 오늘날까지 어떻게 발전했는지를 살펴봅니다. 또한 성직자가 현재 어떤 모습인지 알아보고 앞으로의 변화 가능성을 예측하며, 성직자가 되는 데 필요한 준비와 구체적인 과정도 소개합니다.

시대가 흐르면서 성직자의 모습은 달라졌지만, 사람들에게 평안과 위안을 주고 도덕적 기준을 제시하며, 어려운 상황에서도 희망을 주는 일의 가치는 절대 변하지 않을 것입니다. 이 책은 성직자의 본질과 필요한 자질을 살피고, 앞으로 성직자 직업이 어떻게 발전해 나갈 수 있을지를 탐구합니다. 이를 통해 독자들이 성직자라는 직업을 깊이 이해하고, 더 나아가 자신의 진로를 고민할 때 소중한 통찰을 얻기를 바랍니다.

1장

성직자의 탄생과 변화

고대 사람들은 눈에 보이지 않지만 세상을 움직이는 특별한 힘이 있다고 믿었다. 그 힘을 가진 존재를 초자연적 존재, 절대자, 영혼 등으로 부르며 숭배했다. 이런 존재와 인간을 소통하게 할 수 있는 특별한 능력을 갖춘 사람이 바로 성직자였다.

고대 종교는 나라마다 다양한 모습으로 발전해 왔다. 과학이 지금처럼 발전하지 않은 시대에 인간은 자연 현상과 동식물을 관찰하며 여러 신을 탄생시키고 숭배했다. 다양한 종교와 성직자들은 강력한 힘과 권위를 가지고 있었다. 이 시기에 종교는 정치와 분리되지 않았다. 왕은 신이 인정한 신성한 존재로서 권위를 가지고 있었고, 종교는 공동체의 질서를 유지하는 수단이었다.

초기 인류와 영적 중재자

하늘과 소통하는 사람

인류는 오랜 옛날부터 초자연적인 존재, 절대자, 영혼과 같은 존재가 있으며 그 존재가 엄청난 힘을 가지고 있다고 믿었다. 사람들은 이 존재에게 귀중한 제물을 바치고 춤과 노래로 숭배하며 도움을 청했다. 이때 의식을 맡아 하늘과 사람을 연결하는 특별한 존재가 있었다. 이들을 '샤먼 shaman'이라 했다. 우리말로는 '주술사' 또는 '무당'이다. 샤먼은

고대의 치유 의식을 그린 어니스트 보드의 그림(Wellcome collection)

아픈 사람이 생겼을 때, 아이를 낳을 때, 전쟁이 났을 때와 같이 중요한 문제가 생기면 신에게 자비를 구했다. 전 세계 문화권마다 다른 모습을 하고 있지만 샤먼은 언제나 같은 일을 했다. 사람들과 그들이 믿는 신, 또는 영혼이 서로 소통하도록 돕는 일이다.

성직자라는 직업

'성직자'는 종교 의식을 집행하고 신과 인간 사이를 중재하는 사람이다. 성직자는 신을 위한 의식뿐만 아니라 탄생, 결혼, 장례에 필요한 종교 의식을 진행한다. 사람들이 고민하는 문제를 상담하고, 종교 교리를 가르치고, 가난하거나 병든 사람을 방문해 위로한다. 종교마다 성직자를 부르는 명칭은 다르다.* 가톨릭에서는 '신부 **Priest**', 개신교에서는 '목사 **Pastor**', 이슬람에서는 '이맘 **Imām**' 불교에서는 '승려 **monk**'라는 이름을 쓴다.

대다수의 성직자는 그 일만 하는 '전임' 직업이다. 성직자는 자신이 속한 종교 집단에서 생활에 필요한 것들을 지원받는다. 다른 직업을 가지고 있으면서, 필요할 때만 성직자 역할을 하는 성직자도 있다.

* 이 책에서는 가톨릭·천주교 성직자는 사제로, 개신교 성직자는 목사로, 불교는 승려로, 다른 종교는 각각 그 종교에서 사용하는 명칭을 쓴다. 그 외 일반적으로 칭할 때는 성직자로 한다.

세분화되는 성직자 분야

　신과 소통하는 성직자들 안에서도 특히 신의 목소리를 듣고 이해하는 능력이 있는 이들이 생겨났다. 초자연적인 존재나 영혼에 영향을 미치려는 성직자도 있었다. 이들은 사람에게 깃든 악령을 쫓아내기도 했다.

　신전을 관리하고 운영하는 일을 맡아서 하는 사람도 나왔다. 이들은 신전에 속한 사람들이 먹고살 수 있도록 다양한 경제 활동을 했다. 비록 경제 활동을 주로 했지만, 이 일을 하는 사람은 모두 성직자였으며 공통된 의무와 책임을 졌다. 성직자는 사회에서 다른 사람들과 뚜렷이 구분되는 사회 계급이었다. 이들은 세금을 내지 않았고, 신전에서 거두는 수익을 나눠 받았다. 성직자는 사회적 지위가 높았고 교육도 잘 받았다.

고대 이집트 성직자

강력한 성직자 집단

고대 이집트와 메소포타미아에서 강한 권력을 가진 종교 기관과 성직자가 나타났다. 이곳에서 성직자들은 강력한 힘을 가졌다. 성직자는 사회, 정치, 경제 분야에서 귀족과 다툴 정도로 지위가 높았다. 이집트와 메소포타미아는 여러 신을 인정하고 믿는 다신교 사회였다. 종교가 가진 힘은 막강했고, 사람들은 신의 권위에 도전하지 않았다. 사람들은 초자연적인 존재인 '신'이 우주와 인간을 창조하고 통제한다고 생각했다. 그래서 성직자들은 신의 뜻과 행동을 해석하고 그에 따라 대응하려 했다. 성직자들은 점술과 마법을 통해 신이 계획한 미래를 알아내어, 신들을 달래거나 통제하려 노력했다.

이집트인들은 혼돈과 폭력의 신이자 사막과 폭풍을 관장하는 신인

‘세트’를 질서를 위협하는 강력한 존재로 여겼다. 사람들은 세트를 달래기 위해 신전을 짓고 제사를 지냈다. 하지만 늘 신을 찬양한 것은 아니었다. 때로는 신을 협박하고 벌주기 위해 의식과 제물을 올리지 않았으며, 신의 모습을 본뜬 조각상을 채찍질하기도 했다.

정치, 경제에도 영향을 미친 성직자

고대 이집트는 파라오가 다스렸다. 파라오는 정치뿐 아니라 종교의 최고 통치자였다. 사람들은 파라오를 인간의 모습으로 나타난 ‘호루스’ 신이라고 여겼다. 호루스 신은 고대 이집트 신화의 가장 중요한 신중 하나로, 특히 왕의 권력을 상징하는 신이다.

성직자는 정치적으로도 큰 힘을 가졌다. 성직자는 글을 읽고 쓸 수 있는 엘리트 계층이었다. 이들은 신이 내린 성스러운 말씀을 기록하고 해석하는 ‘서기’였다. 서기는 신전과 국가의 각종 기록을 관리했으며, 회의에서 문서나 기록을 담당했다. 이집트 신화에서는 신들이 회의할 때 우주 질서를 관장하는 지혜의 신인 ‘토트’가 서기 역할을 한 것으로 묘사된다. 이처럼 서기는 이집트에서 매우 중요한 직책이었다.

신전에서 거둔 농산물, 방앗간에서 만든 밀

이집트 파라오

가루, 신전 안 공방에서 제작된 수공예품에 관한 기록은 '성직자 서기'가 담당했다. 이들은 신전에 필요한 식량을 구매하고 기록하고 관리했다.

학문과 의학 분야의 성직자

고대 이집트 신전은 교육과 학문의 중심이었다. 신전에 학교와 대학을 지었고 성직자들은 이곳에서 학생을 가르쳤다. 성직자는 교사뿐만 아니라 도서관 사서, 기록 보관소 책임자, 큐레이터 등으로 일했다.

성직자의 역할이 중요한 분야 중 하나는 의학이었다. 사람들은 성직자에게 앞날을 예측하고, 개인의 운명에 관여할 수 있는 신성한 힘이 있다고 생각했다. 이 때문에 의학 지식이 부족한 성직자들도 병자를 돌보고 치료할 수 있었다. 성직자 중에서는 병을 치료할 수 있는 지식과 능력을 가진 사람도 많았다. 이들은 자연스럽게 '성직자 의사'가 되었다.

장례와 장례 성직자

신전에서는 장례를 담당하는 '장례 성직자'가 매우 중요했다. 이집트인들은 사람이 죽으면 잠시 영혼이 육신을 떠나지만, 다시 돌아와 사후 세계(내세)에서 영원히 살아간다고 믿었다. 그래서 시신을 썩지 않게 처리해 미라로 만들었다. 미라를 만들려면 인체에 관해 잘 알고

미라를 만드는 장례 성직자

있어야 했다. 미라를 만드는 전문 성직자가 있었는데, 이들은 때로 성직자 의사로도 일했다.

내세에서도 살아있을 때와 똑같이 살아간다고 믿었기 때문에 살아 있을 때 쓰던 각종 도구, 무기, 보석, 장신구 등을 무덤에 넣었다. 그러자 귀중품을 노리고 무덤을 터는 도둑들이 생겼다. 장례 성직자는 무기를 들고 도둑을 퇴치했다. 고대 이집트에는 무덤을 모아 둔 '네크로폴리스(죽은 자의 도시)'가 있었다. 장례 성직자는 네크로폴리스에 모여 죽은 사람들을 돌보았다. 부유한 귀족들은 장례 성직자를 고용해 조상들을 위해 계속 기도하게 했다.

죽은 자를 인도하는 사자의 서

장례 성직자는 '사자의 서'를 만들었다. 사자의 서는 죽은 자가 사후 세계를 찾아가도록 돕는 여행 안내서다. 신들에게 바치는 기도문,

악령을 물리치는 주문, 사후 세계 여행에 필요한 주문, 죽은 자들을 재판하는 신 '오시리스' 앞에서 심판받을 때 필요한 지식 등을 여러 가지 그림과 함께 담았다.

장례 성직자들은 세대를 거쳐 오랜 시간을 들여 사자의 서의 기본 형식을 만들었다. 이 기본 형식을 바탕으로 의뢰인 특징에 맞춰 사자의 서를 만들었다. 의뢰인이 누구인지, 어떤 지위인지, 부유한지 등에 따라 필요한 주문을 골랐고, 의뢰인이 원하는 주문도 넣어 제작했다. 이집트 사람들에게 사자의 서는 사후 세계를 살아가는 데 꼭 필요한 물건이었다. 사자의 서를 만드는 데는 돈이 많이 들었기 때문에 파라오나 귀족, 부유층이 주로 구매했다. 사자의 서를 만드는 장례 성직자도 후한 보수를 받았다. 그래서 장례 성직자는 주로 지배 계층을 위해 일했다.

기원전 1275년 무렵 후네페르 파피루스 일부에 나타난 이집트 사자의 서(대영박물관)

신을 돌보는 예배

성직자에게는 신을 돌보는 일이 가장 중요했다. 고대 이집트 신전
에서는 매일 아침 '아침의 집' 의식을 거행했다. 해가 뜰 무렵 신전 문
을 열고, 신의 조각상을 씻고 옷을 입힌 후 장식했다. 이어 음식과 꽃
을 바치고 기도를 드렸다. 아침의 집 의례가 끝나면 신전의 문을 닫아
다음 날까지 아무도 들어가지 못하게 했다. 파라오도 원칙적으로 매
일 아침의 집 의식을 해야 했으나, 실제로는 고위 성직자가 파라오를
대신해 이 의식을 수행했다.

여러 역할을 담당한 성직자

주요 신전을 책임지는 '최고 성직자'는 파라오가 직접 임명했다. 이
중에서도 '아문' 신전을 담당하는 최고 성직자가 가장 중요한 자리였
다. 아문 신은 원래 테베 지역에서 믿는 신이었다가 점차 나라 전체를
대표하는 신으로 승격되었다. 태양신인 '라'와 결합하여 '아문-라'가
되면서 우주 창조와 파라오 수호, 전쟁 승리를 관장하는 이집트의 최
고신이 되었다. 아문 신전 최고 성직자는 파라오만큼이나 강한 권력
을 가졌다. 최고 성직자는 고위 관직에 올라 파라오에게 정치에 관련
하여 조언하기도 했다.

지방 신전이나 지방 신전의 성직자는 해당 지역 관리가 임명했고,
작은 신전의 성직자는 지역 주민들이 정했다. 경험이 쌓이면 성직자

는 더 책임이 크고 명성이 높은 자리로 승진했다. 성직자 직은 아버지가 아들에게 물려주는 경우가 많았으며, 특히 신전 근처에 살면서 신을 돌보는 역할을 맡은 성직자 직은 대체로 세습되었다. 성직자들은 역할에 따라 분류되었다. 신전에는 의식을 주관하는 '헤리 헤브Hery-heb', 제사를 준비하고 신전을 관리하는 일반 성직자인 '헴-네체르Hem-netjer', 의례에서 성스러운 글과 주문을 낭독하는 '케리 헤브Kher-heb', 그리고 신전을 청소하고, 일상적인 정결 의식을 담당하는 '와브Wab' 성직자가 있었다.

여성 성직자

고대 이집트에서는 여성도 성직자가 될 수 있었는데, 특히 아문 신전에는 아문 신의 아내, '헤메트 네체르 엔 아문Hemet Netjer en Amun'과 아문 신의 숭배자, '두아트 네체르Duat Netjer'라는 고위 여성 성직자가 있었다. '아문 신의 아내'는 가장 높은 여성 성직자로 파라오의 부인이나 딸이 담당했다. 아문 신의 아내는 넓은 토지와 재산을 소유했으며, 파라오와는 별도로 신전 관리자를 고용할 수 있었다. 신전 관리자로 한 번 임명되면 평생 자리를 유지했지만, 결혼할 수는 없었다.

'아문 신의 숭배자'는 아문 신의 아내보다 낮은 성직자였다. 이들은 의례에서 음악과 춤을 담당하고 제물을 바치며 신전을 관리했다. 이 자리 역시 왕족 출신이 맡았으며, 재산을 가졌다. 대개 아문 신의 아내의 후계자가 자리를 물려받았다. 때로는 두 직위를 한 사람이 겸하기도 했다. 이 외에도 사랑과 아름다움의 여신 '하토르', 마법과 치유의 여신 '이시스', 진실과 정의의 여신인 '마아트', 그리고 고양이 모습을 한 여신 '바스테트'를 받드는 신전에도 여성 성직자가 많았다. 이들은 의례에서 음악과 춤을 담당했다. 특히 이시스 신전의 여성 성직자들은 높은 수준의 의학 지식이 있었으며, 치료와 출산을 전문적으로 도왔다. 여성 성직자들은 대부분 귀족 출신으로 사회적 지위가 높았고, 경제적으로도 풍족했다. 여성 성직자가 되기 위해서는 상형문자를 읽고 쓸 수 있어야 했으며, 신성한 의례와 음악에 대한 전문 교육을 받아야 했다. 이러한 엄격한 자격 요건과 교육 과정을 통과한 여성들만이 성직을 수행할 수 있었다.

파라오 프삼티크 2세의 딸이 맡았던 아문 신의 아내 '안크네스네페리브레' 동상

메소포타미아 지역 성직자

메소포타미아 성직자

메소포타미아는 서아시아 티그리스강과 유프라테스강 사이 지역이다. 이 지역에서는 기원전 3,000여 년 전부터 문명이 발달하고, 도시를 중심으로 국가가 성장했다. 성직자의 힘은 막강했고, 신전은 넓은 토지를 가지고 많은 노예를 거느렸다. 하지만 이집트와는 달리 장례에는 크게 관여하지 않았다. 메소포타미아 남부 바빌로니아 지역 사람들은 살아가는 이 순간만 있고 죽으면 끝이라고 생각했다. 바빌로니아 성직자는 살아있는 동안 성공하고 번영을 누리게 해달라고 신에게 호소하고 제물을 바쳤다. 메소포타미아에서도 성직자는 교사, 관리, 학자, 도서관 사서 등 지적 능력이 필요한 역할을 담당했다.

악을 두려워한 메소포타미아인

메소포타미아인은 이집트인보다 '악'을 훨씬 더 두려워했다. 그들은 악령이 바위, 나무, 그리고 특정 사람들 마음속 어디에나 있다고 생각했다. 성직자는 신의 힘을 빌려 악을 물리치려 했다. 주문을 외워 악령을 쫓아내고, 홍수나 폭풍 같은 자연 현상을 막아 달라고 간청했다. 성직자는 이런 일을 하고 후한 보수를 받았다. 때로는 능력을 과시하며 사람들에게 볼거리를 제공했다. 바빌로니아 성직자들은 병에 걸린 사람이 사는 집 지붕 위에서 밤을 새워 노래하고, 기도하고, 성스러운 횃불을 태우며 악을 쫓아내 환자를 정상 상태로 되돌리려 했다. 점치는 일도 중요했다. 점치는 일을 전문으로 하는 성직자는 기름 방울이 물에 퍼지는 모양이나 제물로 바쳐진 동물 배를 갈라 간이 어떻게 생겼는지를 보고 미래를 예견했다. 그들은 징조를 어떻게 해석하는지 점토판에 기록해 보관했다. 왕이나 총독, 그리고 장군들은 이런 징조와 해석을 보고 중대한 결정을 내렸다. 바빌로니아 성직자 중 어떤 이들은 꿈을 해석하고 어떤 이들은 번개나 가뭄과 같은 자연 현상이 뜻하는 바를

메소포타미아 신화 '길가메시 서사시'가 기록된 점토판(술라이마니야 박물관)

해석했다. 별과 달의 움직임을 능숙하게 해석하는 이들은 특히 존경받았다. 이들이 관찰한 천문 기록은 후대 천문학 발전에도 영향을 미쳤다.

성직자의 다양한 임무

신전에는 신에게 바칠 음식을 준비하는 성직자, 신전을 운영하고 자원 배분을 관리하는 성직자, 안전과 질서 유지에 필요한 역할을 하는 성직자, 특정 의식을 수행하는 성직자 등 다양한 일을 하는 성직자가 있었다. 신전의 고위 성직으로는 '상구Šangû'와 '우리갈루Urigallu'가 있었다. 상구는 주로 신전의 행정과 재산을 관리하며, 신전이 소유한 토지와 자원을 감독했다. 우리갈루는 신과 직접 관계를 맺는 존재로 신을 섬기는 의식을 관장하며 신을 위한 중요한 제사를 주도했다. 두 성직은 각각 행정 영역과 종교 영역에서 독자적인 권한을 가졌으리라 짐작된다. 그 외에도 성직자는 무엇을 전문으로 하느냐에 따라 구분되었다. '아시푸āšipu'는 주술과 치유를 담당해 악령을 퇴치하고 질병을 치료하는 의식을 맡았다. '바루bārû'는 점을 쳐 미래를 예언하고 국가의 중요한 결정을 내릴 때 도움을 주었다. 이들은 동물 내장, 별자리, 새가 나는 모습 등을 관찰하여 미래를 예견했다. '갈루kalû'는 신을 찬양하고 달래는 노래와 음악을 담당했다. '마쉬마쉬mašmaššu'는 더러운 것을 깨끗하게 하는 정화 의례 전문가로, 아시푸와 협력하여 악령을 퇴치했다. 주로 물을 사용해 정화 의식을 했다. '라마흐후 ramahhu'는 고위급의 정화 성직자로 특별한 정화 의식을 담당하며, 신전을 정결하게 유지했다. '에립 eribu'은 '들어가는 성직자'라는 뜻으로 신상 가까이 접근할 수 있는 특권을 가지고 있었다. 에립은 일상적인 신상 관리와 의식을 담당했다.

메소포타미아의 여성 성직자

고대 메소포타미아도 여러 여신을 섬겼다. 가장 유명한 여신은 사랑과 전쟁, 다산의 여신인 '이난나'이다. 아카드어로는 '이슈타르'라고 불렀으며, 금성을 상징하는 여신이었다. 여신을 모신 신전에는 '엔투 Entu'와 '카디쉬투 Qadishtu' 같은 여성 성직자들이 있었다. 엔투는 고위 여성 성직자로서, 의식을 주관하고 신과 인간을 연결하는 역할을 했다. 엔투는 사회적 지위가 높은 인물, 특히 왕족 출신 여성들이 임명되는 경우가 많았다. 이들은 결혼이나 세속에서 벗어나 오로지 종교적 의무에 헌신해야 했다.

카디쉬투는 엔투보다 낮은

기원전 2350~2150년 무렵 인장에 새겨진 이슈타르 여신상(오리엔탈 인스티튜트 뮤지엄)

지위에 있었다. 이들은 주로 이슈타르 신전에서 출산과 풍요를 비는 의례, 성스러운 결혼 의식, 치유와 정화 의례와 같은 특정 종교 의식을 행했다. 카디쉬투는 주로 일반 가정 출신으로, 신전에 거주하지 않고 결혼할 수 있었으며, 엔투보다는 자유롭게 사회 활동을 할 수 있었다.

성직자가 되는 데 필요한 자격

누구나 성직자가 될 수는 없었다. 성직자가 되려면 '이즈쿠isqu'라는 신성한 자격이 필요했다. 이즈쿠는 몫, 할당, 지분을 뜻한다. 성직 수행에 필요한 법적 권리와 의무를 모두 포함했다. 이즈쿠를 가진 사람은 신전에서 거둔 이익 일부를 받을 수 있는 권리가 있으며, 동시에 정해진 의식을 수행하고 신전을 섬겨야 하는 의무를 져야 했다. 메소포타미아인들은 이즈쿠를 재산으로 인정했다. 이즈쿠는 대를 이어 세습할 수 있었고, 다른 사람에게 팔거나 빌려줄 수도 있었다. 여러 사람이 나누어 가질 수도 있었는데, 이 방법으로 일정한 기간만 성직자 의무를 수행하는 것이 가능했다. 예를 들어 한 달을 일주일씩 나눠 각각 다른 사람이 성직자 역할을 맡을 수도 있었다. 이즈쿠는 메소포타미아인들이 만든 독특한 제도였다. 성직은 물려줄 수 있는 재산권이자 종교적 직무라는 이중적 성격을 가졌다.

성직자가 되는 의식

이즈쿠가 있다고 모두 성직자가 될 수 있는 것은 아니었다. 성직자 후보자는 신체적으로 결함이 없고, 정식으로 결혼한 부모에게서 태어나야 했다. 수메르어와 아카드어를 구사할 수 있어야 했으며, 전문 분야에 따른 특별 훈련도 필요했다. 성직자가 되기 위해서는 엄격한 정결 의식도 거쳐야 했다. 목욕, 면도, 손톱 손질 등을 마친 성직자 후보자에게 아시푸 성직자가 주문을 외워 악을 몰아내는 정화 의식을 했다. 정화 의식을 마친 성직자는 깨끗한 흰색 모자를 써서 신의 종임을 나타냈다. 신전에서 신을 만나기 위해서는 완벽한 순수함이 요구되었다. 마늘, 양파, 쇠고기 등을 먹거나 불결한 행위를 하면 신전의 문턱에조차 설 수 없었다. 불결한 사람과 접촉하면 그 불결함이 옮겨진다고 믿었다.

몸을 가꾸는 성직자

메소포타미아에서 나체는 순결을 상징했다. 수메르 성직자들은 항상 나체로 성스러운 의무를 수행했다. 성직을 수행할 때 육체적 아름다움은 매우 중요했다. 성직자들은 살아있는 신의 상징으로 여겨졌다. 크레타에서는 여성 성직자들이 공식 의식에서 상반신을 벗은 채 의식에 참여했다. 이는 오랫동안 매우 흔한 관행이었다. 여성 성직자들이 마법 주문을 걸 때는 나체가 특히 효과적이라고 생각했다.

존경받고 부유한 성직자 직업

이처럼 엄격한 자격과 의무가 요구되는 만큼, 성직자는 높은 사회적 지위와 경제적 특권을 누렸다. 그들은 신전에서 월급을 받았고, 살 곳과 먹을 것, 입을 옷도 받았다. 또 개인 헌금을 받아서 돈을 더 벌 수 있었다. 특히 이집트의 장례 성직자들과 바빌로니아에서 주술을 담당한 성직자들은 왕, 귀족, 부유한 사람을 위해 일하며 많은 돈을 모을 수 있었다. 성직자 대부분은 결혼해서 가정을 이루었다. 성직자 자리를 아들에게 물려주는 일은 흔했다. 성직자가 되면 안정된 생활을 할 수 있고, 사람들의 존경도 받으며, 돈 걱정 없이 살 수 있었다. 그래서 귀족들은 자기 아들이 성직자가 되면 매우 기뻐했다.

페르시아와 조로아스터교

고대 페르시아 성직자

페르시아 지역(지금의 이란)에는 메디아인이 살았다. 이들 중 마기족은 성직자 계급으로 활동하며 종교 의식을 주관했다. 이들은 종교뿐만 아니라 사회에서도 중요한 역할을 맡았다. 고대 이란 종교에는 '하오마Haoma'라는 성스러운 음료가 있었다. 사람들은 하오마가 신성한 지혜와 영적인 통찰을 준다고 믿었다. 마기족은 원료를 모아 하오마를 만들고 이를 축복했다.

고대 이란 종교에서는 불을 신성하게 여겼다. '아트라반Athravan' 성직자는 불과 관련된 의식을 담당했다. 이 전통은 나중에 조로아스터교에서도 계승되었다.

조로아스터교 탄생

기원전 6~7세기경, 페르시아 지역에서 '조로아스터교'가 탄생했다. 조로아스터교를 창시한 사람은 '자라투스트라(영어로 조로아스터)'였다. 조로아스터교는 '아후라 마즈다Ahura Mazda'를 창조주이자 최고신으로 숭배했다. 아후라 마즈다는 선善을 상징하며 인간과 우주를 창조한 절대적 존재였다. 자라투스트라는 사람들에게 영혼 속에 진리의 불을 밝히라고 가르쳤다. 그는 마법과 의례보다 개인적인 깨달음을 중시했다. 초기 조로아스터교는 기존 성직자 계급인 마기족과 갈등을 겪었다. 그러나 시간이 지나면서 마기족도 조로아스터교를 받아들였다. 이후 마기족은 조로아스터교에서 고위 성직을 맡았다. 조로아스터교에는 불을 관리하는 성직자인 아트라반과 종교의식을 주관하는 '에르바드Ervad'가 있었다. 7세기경, 이슬람이 세력을 넓히자 조로아스터교는 쇠퇴했다. 많은 신자가 박해를 피해 인도로 이주했다.

아후라 마즈다를 묘사한 부조 벽화 ⓒWojciech Kocot

베다와 힌두교

고대 인도에서 오랫동안 입에서 입으로 전해지던 이야기를 모은 글을 '베다vedas'라고 한다. 여기에는 고대 인도인들이 어떻게 신과 소통하고 우주 질서를 이해했는지 담겨있다. 신을 찬양하는 노래가 담긴 '리그베다', 의식을 진행할 때 부르던 노래를 담은 '사마베다', 제사 지낼 때 쓰는 주문과 제사 절차를 설명하는 '아주르베다' 등이다. 베다는 입에서 입으로 전해지다

리그베다

가 기원전 1500년경부터 글로 옮겨지기 시작했다. 기원전 1500년부터 기원후 500년까지 베다를 중심으로 인도 사회, 종교, 철학, 의식 등 기초 질서가 만들어진 시기를 '베다 시대'라 한다. 또한 베다는 이후 인도를 중심으로 자리 잡은 힌두교 사상의 뿌리 역할을 했다. 많은 힌두교 전통과 관습이 베다에서 비롯되었다.

힌두교 의식과 성직자

인도를 중심으로 힌두교가 널리 퍼져 나갔다. 힌두교 성직자는 조직을 탄탄하게 구성했다. 그들은 힌두교 경전 베다를 읽고 해석했으며 베다에 나온 대로 성스러운 의식을 치렀다. 힌두교에서는 성스러운 의식을 통해 신이 현신*한다고 믿었다. 의식을 치를 때 '소마 soma'라는 특별한 음료를 만들어 마셨고, 이 음료를 통해 달의 신이자 생명의 신인 소마를 직접 만날 수 있다고 믿었다. 의식에서 피우는 불은 곧 불의 신 '아그니 Agni'의 현신이었다. 아그니는 인간과 신을 연결하는 존재다. 불이 인간의 기도와 제물을 신에게 전달하기 때문이다. 성직자가 주문을 읊으면 지식과 기도의 신 '브라흐마나스파티 Brahmanaspati'가 성직자의 목소리를 빌려 나타난다고 생각했다. 오직 성직자들만이 신들과 소통할 수 있었다. 특히 성직자들은 브라흐마

* 지금 이 세상에서 몸으로 나타나다.

나스파티와 특별한 관계를 맺고 있었다. 이 때문에 힌두교 성직자 계급은 브라만Brahman* 또는 브라민Brahmin이라 불리게 되었다.

성직자 계급 브라만

브라만이 되기 위해서는 엄격한 학습 과정을 거쳐야 했다. 그래서 브라만은 엘리트 계급만이 될 수 있었다. 베다는 기원전 3세기까지 문자로 기록되지 않았기 때문에, 성직자들은 입에서 입으로 전해 온 경전 내용을 암기해야 했다. 문자로 기록된 뒤에도 경전 암기는 전통으로 남아 이어졌다. 경전을 암기하는 것만으로는 충분하지 않았다. 경전을 뒷받침하는 철학을 이해하고, 이를 다른 사람에게 설명할 수 있어야 했다. 또한 긴 의식을 세세한 부분까지 완벽하게 기억하고 재현할 수 있어야 했다. 의식에서 각각 맡은 역할들도 정확히 파악해야 했다. 성직은 세습되었지만, 그 직을 수행하려면 많은 공부와 훈련이 필요했다. 성직자가 되면 일상적인 의식을 수행하고, 왕이나 귀족에게 축복을 내릴 수 있는 권위가 생겼다.

브라만과 의식

브라만은 수개월이 걸리는 복잡한 힌두교 의식에 능숙했으며 기도

* 우리나라에서는 브라민보다 브라만이 친숙하다. 이 책에서도 브라만이라는 명칭을 사용한다.

와 성스러운 말을 전하는 능력이 매우 뛰어났다. 심지어 브라만이 신에게 간청하면 정해진 운명 또한 바꿀 수 있다고 믿을 정도였다. 브라만은 『브라마나Brahmana』라는 책을 참고했다. 이 책은 의식 수행과 제사 방법, 신들에 대한 찬송과 기도, 제사 의식의 의미 등을 자세히 설명한 경전이다. 기도, 의식, 제사 등을 제대로 하려면 브라만의 도움이 꼭 필요했다. 의식은 종교를 넘어 인도인이 살아가는 기본이자 국가를 이루는 바탕이었다. 브라만은 종교 의식을 집행하며 큰 명성과 부를 얻었다. 그중에서도 '아슈바메다Ashvamedha'는 왕의 권위와 통치권을 확인하고 강화하는 가장 중요한 의식이었다. 의식은 매우 큰 규모로 진행되었다. 브라만들은 "아슈바메다를 행하는 자는 모든 죄를 씻을 수 있다."라고 선전하여 왕들이 참여하도록 독려했다. 이러한 대규모 의식을 통해 브라만은 정치적 영향력을 행사하고 경제적 이익도 얻을 수 있었다. 왕은 권력을 강화하고 신성한 권위를 얻기 위해 이 의식에 적극적으로 참여했다.

카르마와 사회 질서

브라만들은 자신들만이 신성한 권위가 있어 신과 소통할 수 있다고 주장했다. 이 역할과 권위는 '카르마 법칙'에 따라 정당하게 물려받았다고 믿었다. '카르마Karma'는 산스크리트어로 '행위' 또는 '업'을 뜻한다. 카르마 법칙이란 과거의 행위가 현재를 만들고, 현재의 행위

'아슈바'는 말이고, '메다'는 제
사를 뜻한다. 말을 이용해 드리
는 의식인 것이다. 왕은 흰말
한 마리를 선택해 1년 동안 나
라 안에 자유롭게 풀어 놓았다.
왕의 권위를 인정한다면 말을
가로막거나 방해해서는 안 된
다. 이 말을 잡아둔다면 왕에게

아슈바메다를 묘사한 그림

도전한다는 의미였다. 이 때문에 전쟁이 벌어질 수도 있었다. 1년이 지나면 다시
말을 데려와 제물로 바치고 제사를 지냈다. 이 의식을 위해 때로는 600마리가
넘는 말이 희생되기도 했다.

가 미래를 만든다는 법칙이다. 카르마 법칙에 따르면 사람은 죽고 나
서 다시 태어나는데(환생), 이전 생에서 쌓은 카르마에 따라 이번 세
상에 어떤 사람으로 태어나느냐가 결정된다. 브라만 계급으로 태어난
이들은 분명히 이전 생에서 높은 지위를 얻을 만한 행위를 한 사람들
이다. 힌두교도들은 카르마 법칙이 신성한 질서라고 믿었다. 따라서
브라만들은 이를 바꾸려는 시도를 신을 모독하는 행위로 여겼다.

변화하는 인도 사회

브라만 계급은 전통적으로 힌두교에서 성직을 세습하며 종교 의식을 주관했다. 기원전 6세기경 인도 사회는 큰 변화를 겪었다. 도시가 발달하고 상업이 번창하면서 새로운 상인 계층이 등장했다. 농업 기술이 발전하여 생산물이 늘었고, 이는 도시 발전의 밑바탕이 되었다. 이런 변화 속에서 전통적인 계급 질서에 의문을 제기하는 목소리도 커졌다. 또한 새로 등장한 종교인 불교는 모든 사람이 평등하다고 가르쳤다. 이는 계급 제도를 중시하는 브라만의 가르침과 달랐다. 상인들과 도시 주민들은 불교를 적극적으로 받아들였다. 기원전 3세기(아쇼카 왕 시대)에 불교는 왕실의 지원을 받으며 더욱 널리 퍼졌다.

대중에게 다가가는 브라만

사회적, 종교적 변화 속에서 브라만들은 권위를 유지하기 위해 대중에게 더 가깝게 다가가려 했다. 이들은 일반인이 쉽게 참여할 수 있는 사원 숭배를 받아들였다. 사원 숭배는 신성한 장소인 사원에서 신이나 신상을 숭배하는 종교 의식이다. 신상 숭배, 제물 바치기, 의식 집행 등이 중심이다. 브라만은 사원 숭배에서 신도들과 만나는 기회를 늘렸다. 점성술과 점을 쳐 일반인들이 가진 고민을 해결해 주었다. 이런 활동은 수입에도 도움을 주었다.

또한 브라만은 마을에서 교사나 의사 역할도 맡았다. 이들은 산스크리트어로 된 종교 문헌을 보존하고 가르쳤다. 『우파니샤드』 같은 산스크리트어로 구전되어 온 철학 문헌을 연구해 사상도 발전시켰다. 시간이 흐르면서 브라만 계급은 법률 등 세속적 직업으로 진출했다. 이들은 전통적인 종교적 권위와 함께 실용적 지식을 가진 계층으로 자리 잡았다.

새로운 신앙 표현 방식

하지만 브라만이 행하는 베다 의식은 점점 복잡해지고 어려워졌다. 일반 대중은 이해하기 어려운 의식보다 친근한 신앙 방식을 찾아나섰다. 공식 성직자가 아닌 '구루Guru'나 다른 영적 지도자들이 대중에게 지지를 얻었다. 특히 6세기 무렵 인도에서 시작된 '박티 운동Bhakti Movement'은 힌두교를 크게 바꾸었다. 이 운동은 복잡한 의식 대신 신에 대한 개인의 헌신과 내적 체험을 강조했다. 계급이나 성별에 상관없이 누구나 신으로부터 은혜를 받을 수 있다고 가르쳤다. 찬송가와 춤으로 신에 대한 사랑을 표현했고, 지역 사투리로 대중과 직접 소

구루와 그의 제자를 그린 그림

통했다. 박티 운동은 브라만이 중심이던 힌두교를 변화시켰다. 일반 대중은 복잡한 의식 없이 자기 방식대로 신앙을 표현할 수 있게 되었다. 이러한 변화는 힌두교를 넘어 인도 종교와 사회 전반에 큰 영향을 미쳤다.

개혁 종파 활동

12세기 인도 남부에서 '링가야트Lingayat'라는 개혁 종파가 탄생했다. 이들은 '시바*'신을 유일신으로 믿었고, 신도들은 시바를 상징하는 '링감lingam'을 몸에 지니고 다녔다. 링가야트는 평등과 개인

---

* 힌두교 최고신으로 '파괴의 신'

적 신앙을 강조하며 브라만 중
심의 종교 체계와 카스트 제도
에 도전했다. 창시자 '바사바나
Basavanna'는 복잡한 브라만 의
식을 거부했다. 대신 모든 계층
이 평등하게 구원받을 수 있는
새로운 종교 체계를 만들었다.
링가야트는 개인의 헌신과 내적
깨달음을 통한 구원을 강조했으
며, 금욕적이고 윤리적인 삶을
중시했다.

다양한 무드라를 표현하고 있는 시바신 조각상

링가야트에는 영적 지도자인 '장가마스Jangamas'가 있었다. 장가마
스는 한곳에 머무르지 않고 마을을 돌아다니며 가르침을 전했다. 이
들은 카스트와 성별에 따른 차별을 거부하고 평등을 실천했다. 하위
계층과 여성이 가진 권리를 옹호하며 교육과 사회 개혁에도 힘썼다.
또한 물질적 욕망을 멀리하는 삶을 살면서 영성을 추구했다.

새로운 종교의 탄생

기원전 6세기 무렵 인도에서는 새로운 종교들이 생겨나고 있었다.
어떤 사람들은 신과 인간 사이를 중재하는 브라만 성직자가 필요 없다고 생각했다. 대신 개인이 명상, 수행, 고행을 실천하면 진리를 발견할 수 있다고 믿었다. 종교적 경험은 내적이고 개인적인 체험이며, 이런 입장에서는 복잡한 종교 의식과 의례는 부수적인 일이었다. 브라만 성직자의 역할도 중요하지 않았다. 주로 브라만 다음 계급이었던 귀족과 군인 계급인 '크샤트리아 Kshatriya'가 이런 생각을 지지했다. 이 시기에 자이나교와 불교가 등장했다. 이 종교들은 동남아시아 여러 지역으로 퍼져나가 힌두교와 경쟁했다.

성직자가 필요 없는 종교

자이나교와 불교에는 성직자가 없었다. 불교를 창시한 고타마 싯다르타는 진리를 깨달은 후 '붓다' 또는 '석가모니불'이라 불렸다. 불교에서 '붓다'는 깨달음을 얻은 사람을 의미한다. 붓다를 따르는 이들은 '승가(산스크리트어로 상가)'라는 공동체를 만들었다. 승가는 '4부 대중'으로 이루어졌다. 불교 수행에 전

처음으로 진리를 전하는 부처의 모습을 조각한 기원전 5세기 불상(사르나트 박물관)

넘하기 위해 세속을 떠난 사람들을 '출가자' 또는 '승려'라 하며, 남성

승려를 '비구', 여성 승려를 '비구니'라고 했다. 출가하지 않고 일반 가정에서 불교 교리를 실천하는 사람은 '재가 신도'라고 하고, 남성 재가 신도는 '우바새', 여성 재가 신도는 '우바이'라 했다. 이렇게 비구, 비구니, 우바새, 우바이를 합쳐 4부 대중이라 한다.

붓다는 제단에 불을 피우고 제물을 바치는 의식으로는 진리를 얻을 수 없다고 가르쳤다. 대신 스스로 내면을 돌아보고 수행을 통해 깨달음에 다가가야 한다고 강조했다. 승려들은 세속적 소유물과 쾌락을 버리고 엄격한 규칙에 따라 생활했다. 출가한 다음에는 결혼이나 가정생활을 할 수 없었다. 승려는 주로 구걸한 음식을 먹고, 해진 옷을 기워 입었다. 처음에는 나무 아래나 동굴에서 수행했다. 그러나 비가 많이 오는 우기에는 일정한 곳에 머물렀다. 시간이 지나면서 점차 승려를 위한 수도원(사원)이 생겨났다. 브라만들은 붓다와 그의 가르침을 이단으로 간주했으나, 일부는 불교에 관심을 두어 불교 승려가 되기도 했다.

밀교 전통을 이은 티베트 불교

'탄트라 Tantra'는 산스크리트어로 씨줄 또는 체계를 의미한다. 영적 해방을 위한 경전과 수행법을 담은 문헌을 탄트라라 칭했다. '탄트리즘'은 탄트라에 있는 가르침을 바탕으로 발전한 종교적 수행 체계이며, 인도에서 발전했다. 인간과 우주의 관계를 이해하고 궁극적으로

만다라 양식 중 하나

해탈할 수 있는 길을 제시한다. 탄트리즘을 수행하는 수행자들은 요가 호흡법, 신체 운동, '만트라Mantra* 외우기', '만다라Mandala** 명상' 같은 방법을 사용했다. 이들은 의식을 통해 우주의 신성한 에너지와 하나가 되는 경험을 추구했다. 몸과 마음을 분리하지 않고 육체적 경험을 통해 영적 깨달음을 얻을 수 있다고 믿었다. 이런 가르침은 공개되지 않았고, 스승이 제자에게 비밀리에 전수했다. 비밀스럽게 가르친다는 뜻으로 '밀교'라 했다. 7세기 이후 티베트에 전파된 불교는 탄트리즘의 많은 특징을 받아들였다. 티베트 불교는 인도에서 전해진 밀교 전통과 티베트 고유문화를 합쳐 독특한 종교 체계를 만들었다.

탄트라 의식과 수행자

탄트라 의식에서는 만다라 양식에 따라 그려진 성스러운 도형으로

---

*   신성한 문구라는 뜻으로, 불교에서 자주 쓰이는 '옴 마니 반베 훔(산스크리트어로는 '옴 마니 파드 메 훔)'같은 주문이다.

**   우주의 상징

우주의 본질을 표현
했다. 만다라는 수행
자가 명상하며 깨달
음을 얻는 성스러운
공간을 상징한다. 티
베트 불교는 '기도 바
퀴'를 중요한 수행 도
구로 삼았다. 티베트

티베트 삼예 사원에 있는 기도 바퀴

어로 '마니 코르로'라 부르는 이 바퀴 안에 만트라가 적힌 경문을 넣
었다. 신자들은 바퀴를 시계 방향으로 돌리며 기도했다. 한 번 돌리면
그 안의 모든 경문을 읽는 것과 같은 공덕을 쌓는다고 믿었다. 사원과
마을 곳곳에는 큰 기도 바퀴를 설치했고, 작은 개인용 기도 바퀴도 널
리 쓰였다. 탄트라 수행자들은 신성한 존재와 교감하기 위해 만트라
를 암송하고 '무드라Mudra'라는 상징적인 손동작을 취했다. 이런 수
행법은 오랜 전통 속에서 발전했으며, 자격을 갖춘 스승만이 제자에
게 전수했다. 탄트라 수행자들은 의식을 주관하고 병자를 치료하는
종교 지도자의 역할을 했다. 그들은 수행으로 얻은 지혜와 능력으로
일반 신도들이 성스러움을 직접 체험하도록 이끌었다. 이러한 탄트
라의 전통은 다른 종교에도 영향을 미쳐 개인의 체험을 중시하는 흐
름을 만들었다.

고대 그리스·로마 성직자

인간과 비슷한 신

그리스와 로마 시대 종교는 이전과 성격이 달랐다. 그리스인은 이집트인과 메소포타미아인처럼 여러 신을 믿었다. 하지만 동물과 인간의 모습을 결합한 이집트와 메소포타미아의 신과 달리 그리스인은 신을 인간과 비슷한 모습으로 표현했다. 신들은 서로 다투기도 하고, 질투도 하고, 사랑도 했다. 때로는 복수심을 품기도 했다. 그리스인은 인간을 돌보는 신에게 더 친근함을 느꼈다. 그리스 신화에서

제우스의 흉상

으뜸가는 신인 제우스는 여러 모습과 별명으로 나타났다. 제우스의 여러 모습 중에서 제우스 크테시오스는 가정을 번영하게 하고 재산을 지키는 신이었다. 사람들은 이런 제우스 크테시오스에게 자주 기도하고 제물을 바쳤다. 반면 국가를 지키는 수호신인 아폴론에게는 관심을 덜 가졌다. 아폴론은 보통 사람들이 가지는 일상적인 걱정거리보다는 국가와 나라의 문제를 다루는 신으로 여겨졌기 때문이다.

영향력이 줄어드는 성직자

고대 그리스 초기에는 국가가 이끄는 종교는 점점 힘을 잃어갔다. 일부 철학자들은 종교가 사람들이 만든 규칙일 뿐이라고 생각했다. 이들은 세상의 기준은 인간이라고 주장했다. 신이 정한 운명보다는 사람의 생각과 선택이 더 중요하다고 봤다. 하지만 종교는 여전히 중요한 역할을 했다. 종교 행사는 시민들에게 공동체 의식을 심어주었다. 행사를 통해 사람들은 하나가 되었고, 다 함께 단결하여 나라를 튼튼하게 만들었다.

성직자들의 일도 달라졌다. 예언이나 마법을 부리는 대신 신전을 관리하고 시민들을 위해 봉사했다. 성직자는 올림픽 경기, 아테네 축제, 시 낭송, 음악 공연, 연극 공연 같은 행사에서 종교 의식을 주관했다. 하지만 이런 축제들도 점점 종교적 의미는 줄어들고 오락과 장사가 더 중요해졌다. 축제 때마다 시장이 열렸고 상인들이 모여들었다.

고대 그리스 성직자들은 이집트나 메소포타미아 성직자들이 누렸던 명성과 권위를 잃어갔다.

신비 종교 의식과 성직자

고대 그리스에서 '신비 종교'가 유행하면서 성직자 직업의 인기가 다시 높아졌다. 신비 종교는 종교적 가르침을 신자들에게만 전했으며, 신자들은 의식과 수행에 관한 내용을 비밀로 지켰다. 전통적인 그리스 종교는 개인보다는 공동체의 안정과 번영을 기원했으며, 종교 의식도 공개된 장소에서 형식적으로 치러졌다. 이에 반해 신비 종교와 신비 의식은 개인적인 영적 체험과 구원, 깨달음을 추구했다. 이 과정을 통해 죽음에 대한 두려움을 극복하고, 사후 세계에 대한 희망을 품을 수 있었다. 대표적인 신비 의식으로는 엘레우시스 신비 의식, 디오니소스 신비 의식, 오르페우스 신비 의식이 있다. 이러한 신비 의식은 엘리트 성직자 집단이 주도했으며, 신도들은 의식 중에 신비로운 체험을 하고 때로는 광란 상태에 빠졌다. 외부인들은 이 의식에서 실제로 무슨 일이 일어나는지 알 수 없었다.

델포이 성소와 피티아 성직자

고대 그리스에서 가장 신성한 장소는 그리스 중부 파르나소스산 남서쪽 '델포이 성소'였다. 그리스 신화에서는 이곳을 세계의 중심인

신탁을 전하는 피티아의 모습

'옴파로스(세계의 배꼽)'로 여겼다. 델포이 성소는 종교, 정치, 문화의 중심이었다. 델포이 성소는 아폴론 신의 신탁*과 예언으로 유명했다.

이곳에 있는 아폴론 신전에서 여성 성직자 '피티아Pythia'가 신탁을 전했다. 피티아는 매우 엄격한 규칙을 따라 생활했다. 늘 정결을 유지했고 결혼하지 않았다. 그녀는 신탁을 전하기 전 목욕하고 월계수 잎을 씹으며 샘물을 마시고 향을 피웠다. 신탁을 전할 때는 정해진 자리에 앉았는데, 그 아래서 신성한 증기가 올라왔다. 그녀는 이 증기를 마시고 황홀한 상태에서 신탁을 전달했다고 한다. 피티아가 전한 신탁은 알아듣기 어려워 옆에서 다른 남자 성직자들이 뜻을 풀어 전달했다. 델포이 성소에서 활동하는 다른 성직자들은 신전을 관리하고, 예물을 보관하며, 의식을 주관했다. 신탁 받으러 온 사람들에게 순서를 정해주고 질서를 유지하도록 했다. 왕과 도시 지도자들은 전쟁이

* 신이 사람을 매개자로 하여 뜻을 나타내거나 물음에 대답하는 일.

델포이 아폴론 성소 유적

나 식민지 건설 같은 중요한 결정을 할 때 델포이를 찾았다. 델포이 성직자들은 그리스 세계에서 큰 영향력을 행사했다.

로마의 화려한 신전

로마는 국가에서 큰 신전을 세우고 웅장하게 장식했다. 신전 안에는 보석, 금, 은 같은 값비싼 보물과 예술 작품으로 채웠다. 신전은 성스러운 장소로, 성직자들이 매일 제사를 올리고 주요 행사를 주관했다. 시민들은 신전에서 기도하며 제물을 바쳤고, 신의 뜻을 물어보기도 했다.

신전은 로마의 금고 역할도 했다. 전쟁에서 얻은 귀중품과 금을 이

곳에 보관했고, 귀족
과 부자들도 재산을
맡겼다. 신전이 안전
하다고 믿었기 때문
이다. 로마의 신전은
때로 박물관처럼 운
영되었다. 정해진 날
에 시민들은 신전의

로마의 판테온 신전 내부

보물을 구경할 수 있었다. 백만 명이 넘는 시민들이 크고 작은 신전을
찾았다.

성직자들은 다양한 일을 했다. 종교 의식을 주관하고 신탁을 해석
했다. 또한 국가 행사를 이끌고 신전에 보관된 재물을 관리했다. 그들
은 종교 지도자이자 국가 관리였다.

신탁을 해석하는 로마 성직자

로마 성직자 중에는 국가가 공식적으로 임명한 '아우구레스
Augures'라는 점술사가 있었다. 이들은 귀족이나 상류층 출신이었다.
그중 최고 지도자는 '아우구르 막시무스'로, 큰 존경을 받았다. 아우
구레스는 조짐과 징조를 관찰하고 신의 뜻을 해석했다. 새가 나는 모
습, 울음소리, 번개와 천둥 같은 자연 현상을 통해 신의 뜻을 읽었다.

'시빌라(Sibylla)'는 이탈리아 나폴리 근처 그리스 식민지 '쿠마에'에서 아폴론 신의 예언을 전하는 여성 성직자였다. 그녀는 동굴에 살면서 신탁을 전했다. 고대 로마에는 시빌라와 관련된 유명한 이야기가 있다.

"정체를 숨긴 늙은 여자가 로마에 왔다. 그녀는 '타르퀴니우스 왕'에게 아홉 권의 예언서를 사라고 했다. 가격은 매우 비쌌다. 왕이 거절하자 그녀는 세 권을 불태우고 남은 여섯 권을 처음과 같은 가격에 제안했다. 왕이 또 거절하자 다시 세 권을 불태우고, 마지막 세 권을 같은 가격에 팔겠다고 했다. 왕은 결국 마지막 세 권을 그 가격에 샀다. 이후 그녀는 홀연히 사라졌다."

이 예언서가 바로 '시빌라 예언서'다. 로마는 이 예언서를 매우 소중히 여겼다. 전쟁이나 재난이 발생하면 특별한 성직자단이 예언서를 펼쳐 신의 뜻을 구했다. 원로원도 중요한 결정을 할 때 이 예언서를 참고했다.

16세기 삽화, 예언서를 불태우는 시빌라

나라에 중요한 결정을 할 때 아우구레스가 내린 해석이 필요했다. 만일 징조가 나쁘면 중요한 국가 행사를 중단했다.

'하루스피체스Haruspices'라는 성직자들도 있었다. 이들은 대부분

에트루리아* 출신이나 그 전통을 이어받은 사람들로, 로마 귀족 출신인 아우구레스와 달리 신분이 낮았다. 하루스피체스는 제물로 바친 동물 내장을 관찰하여 징조를 해석했다. 내장 색깔, 크기, 질감 등을 통해 신의 뜻을 읽었다. 주로 불길한 사건이나 천재지변 같은 특수한 상황에서 신의 뜻을 구할 때 이들이 필요했다.

아우구레스와 하루스피체스는 서로 보완하는 관계였다. 중요한 사건에서는 두 집단이 함께 신탁을 해석해 더 명확한 판단을 내렸다. 예를 들어 전쟁을 시작할 때 아우구레스가 신으로부터 허락을 구하고, 하루스피체스는 동물 내장에서 징조를 읽고 상세히 해석했다. 나라에 불길한 사건이 발생하면, 하루스피체스가 해석한 결과를 아우구레스가 다시 확인하기도 했다.

신이 된 로마 황제

로마의 첫 황제인 옥타비아누스는 자신을 '아우구스투스'라고 칭했다. 아우구스투스는 '존엄한 자'라는 뜻으로 로마 황제의 칭호이다. 이때부터 로마에서 황제를 신으로 숭배하기 시작했다. 옥타비아누스는 자신이 살아있을 때는 자신을 신으로 섬기라고 하지 않았다. 다만 자신의 양아버지 율리우스 카이사르는 신으로 모시게 했다. 옥타비

* 로마 공화정 이전에 이탈리아에 존재했던 주요 국가

아누스는 죽은 뒤에야 신으로 추대됐다. 하지만 후대 황제들은 달랐다. 칼리굴라와 도미티아누스 같은 황제는 살아있을 때부터 자신을 신으로 숭배하게 만들었다.

로마 제국은 종교를 정치에 이용했다. 황제를 신으로 모시는 것은 제국을 하나로 묶는 수단이었다. 황제 숭배를 거부하면 반역죄로 처벌받았다. 특히 기독교도들이 이 때문에 박해를 받았다. 성직자들은 황제의 통제를 받았으며, 국가에서 허락받은 성직자만 점술을 할 수 있었다. 아우구레스 같은 공인된 성직자단만이 공식적으로 점을 쳤다. 허가 없이 점을 치면 벌을 받았다.

힘을 잃은 로마 공식 종교

나라에서 인정받은 로마 성직자들은 존경받는 엘리트였다. 대부분 귀족 출신으로 국가에서 많은 혜택을 받았다. 신전을 관리하는 일반 성직자들 역시 꽤 많은 수입을 얻었다. 이들은 신전에 오는 방문객들에게 기도와 제사를 중개하며 돈을 받았다. 신자들이 바치는 값비싼 선물도 차지했다. 하지만 공식 종교는 점차 힘을 잃었다. 성직자들은 의례만 치를 뿐, 신자들에게 깊은 신앙심을 주지 못했다. 사람들은 새로운 종교 체험을 찾아 동방의 종교에 관심을 가졌다. 이때 특히 이집트의 이시스 여신이 큰 인기를 얻었다. 이시스는 사랑과 보호의 여신으로, 사람들은 그녀를 통해 구원을 얻고자 했다. 로마의 군인들은 페르시아의 최고신인 '미트라스'를 믿기 시작했다. 미트라스 신앙은 용맹과 충성을 강조했고, 비밀스러운 의식으로 유명했다. 그리스의 술의 신 '디오니소스'는 그를 숭배하는 열정적인 축제로 유명해졌다. 이 축제에서는 술을 마시고 노래를 부르며 춤을 추고, 연극 무대를 올리기도 했다. 하지만 기원전 186년에는 축제가 너무 과열되어 사회에 혼란을 가져오자 로마 원로원이 이를 규제하기도 했다. 시간이 지나면서 이런 새로운 종교들은 점차 로마 사회에서 인정받았다. 로마의 종교는 매우 복잡하고 형식에 매여 있었지만 새로운 종교들은 열정적인 체험을 제공했다. 이런 상황은 313년 콘스탄티누스 황제가 기독교를 공인하고, 380년 테오도시우스 황제가 이를 국교로 삼을 때까지 계속됐다.

유대 지역 종교와 성직자

유대교와 성직자

오늘날 이스라엘, 팔레스타인, 레바논, 시리아 지역은 고대에 '가나안'이라 불렸다. 기원전 2000년경, '아브라함'이라는 예언자가 유일신 '야훼YHWH'를 섬기며 유대교 신앙의 기초를 마련했다. 아브라함과 그의 후손들은 이후 히브리인으로 알려졌다. '히브리'는 '하느님의 백성'이라는 뜻이다. 유대교는 히브리 성경을 경전으로 삼았다. 히브리인은 흉년으로 가나안을 떠나 이집트로 이주했다. 시간이 흐를수록 이집트인들은 히브리인을 괴롭혔다. 이에 모세가 지도자가 되어 히브리인을 이끌고 이집트를 탈출했다. 성경에서는 고대 이집트를 '애굽'이라 말하는데 이곳에서 탈출했다는 뜻으로 '출애굽'이라 하며, 유대교 역사에서 매우 중요한 사건이다. 출애굽 후, 야훼는 모세에게 아론과 그 자손을 성직자로 임명하라고 명령했다. 이후 아론의 후손들이 성직을 맡았다. 유대교 성직자들은 '성직자 규범'을 엄격히 따랐다. 이 규범은 의식 절차, 활동복, 정화 방법, 정결 의식 등을 상세히 규정했다. 또한 성직의 특별한 권한과 의무를 명확히 정해 성직자의 신성함을 유지하도록 했다.

강력해진 성직자

히브리인들은 출애굽 후 40년 동안 광야를 떠돌다가 가나안 지역에 정착했다. 정착 후 약 200년 동안 그들은 가문(지파)별로 나뉘어 자치적으로 생활했다. 기원전 1020년경, 사울이 이스라엘 첫 번째 왕으로 통일 왕국을 세웠다. 이어서 다윗과 솔로몬이 왕국을 더욱 발전시켰다. 이스라엘이 강력해지면서 성직자들의 힘도 강해졌다. 고위 성직자는 종교 의식을 주관하며 '성막'과 '성전'을 관리했다. 성막은 이동식 예배당으로, 분해하고 조립할 수 있어서 필요할 때마다 옮길 수 있었다. 성전은 고정된 건물로 예루살렘에 세웠다. 성직자는 율법과 도덕을 앞세워 공동체를 지도했다. 히브리인은 오직 야훼만 섬기며 야훼의 말씀을 절대적인 도덕과 법률의 근거로 삼았다. 악한 세력과 다른 신앙이 도덕과 법률을 훼손하는 것을 철저히 경계했다. 도덕적으로 잘못된 행동을 하면 이를 지적하고, 율법에 따라 행동하도록 요구했다. 성직자는 사람들이 율법을 어겨 신으로부터 버림받지 않도록 지도할 의무가 있었다.

예언자들과 성직자의 갈등

구약 성경에 따르면 예언자는 하느님이 자신에게 특별한 지혜와 메시지를 알려주었다고 주장했다. 그들은 이 메시지를 공동체에 전하며 하느님이 품은 뜻을 전달하려 했다. 예언자들은 전문 성직자가 아니었지만, 교사나 철학자로 일하며 존경받았다.

예언자들은 종종 황홀경이나 강렬한 체험을 통해 하느님의 뜻을 깨달았다고 말했다. 그들은 이러한 경험이 신성한 믿음에서 비롯되었다고 강조했다. 일부 예언자들은 미래를 예언하거나 보수를 받고 정치적·군사적 조언을 제공했다. 그러나 사람들은 이들이 이교도나 무당처럼 마법과 점술을 쓴다고 의심했고, 거짓말쟁이나 사기꾼이라고 비난하기도 했다. 공동체는 종종 이런 예언자들을 멀리했다.

이처럼 예언자들은 존경받기도 했지만, 비판받을 때도 많았다. 때로 그들이 전하는 메시지와 성직자가 가르치는 내용이 충돌하기도 했다. 예언자들은 야훼와 맺은 약속을 어긴 공직자와 교회 관리들을 비난하고, 부도덕한 행동을 고발했다. 일부 성직자들은 예언자들을 거짓 예언자라 부르며 그들이 하는 말을 부정했다. 그러나 예언자들은 공동체를 바로잡고 성직자들에게 그들의 책임을 상기시키는 중요한 역할을 했다.

바빌론 유수

이스라엘 왕국은 기원전 931년경 북이스라엘 왕국과 유다 왕국으로 나뉘게 되었다. 북이스라엘 왕국은 기원전 722년 아시리아 제국에 의해 멸망했다. 아시리아 제국은 기원전 7세기 후반에 세력을 키운 신바빌로니아 왕국에 의해 멸망했다. 신바빌로니아는 기원전 597년 유다 왕국을 공격했다. 그들은 예루살렘을 함락하고 여호야긴 왕과 왕족, 귀족, 기술자 등 1만 명을 포로로 잡아갔다. 신바빌로니아는 시드기야를 유다 왕으로 세웠다. 그러나 시드기야가 반란을 일으키자 바빌로니아는 기원전 589년 예루살렘을 다시 공격했다. 바빌로니아군은 예루살렘을 완전히 파괴하고 유다 왕국을 멸망시켰다. 그들은 유다 인구의 1/4을 바빌로니아로 끌고 갔다. 사람들은 이 사건을 '바빌론 유수*'라고 불렀다. 유대인들은 노예로 끌려갔고, 성전이 파괴되어 예배를 볼 수 없었다. 성직자들은 유대 공동체를 지도하며 설교를 이어갔다. 유대인들은 집에서 비공식적으로 종교 모임을 열었다. 성직자들은 성경을 읽고 유대인은 하느님이 선택한 백성이라고 가르쳤다.

기원전 538년, 페르시아는 바빌로니아를 정복했다. 페르시아는 유대인들에게 고향으로 돌아갈 자유를 주었다. 바빌론 유수 동안 유대

* 잡아 가둔다는 뜻.

인들은 그들의 유일신 신앙을 더욱 강화했다. 성직자 서기들은 경전을 편집하고 예언서를 정리했다. 그들은 율법을 연구하고 민족 정체성을 확립했다. 유대인들은 공동체를 만들어 위기 속에서 생존하는 방법을 배웠다.

안식일 모임과 성직자

유대교 경전에 따르면, 하느님은 6일간 세상을 창조하고 7일째 휴식을 취했다. 유대인들은 이 일곱째 날을 '안식일Shabbat'로 정했다. 유대인들은 안식일에 노동을 금지하고 예배와 기도, 경전 학습, 공동체 모임을 장려했다. 바빌로니아가 예루살렘 성전을 파괴해 성전이 없는 상황에서 유대인들은 안식일마다 지역 공동체에 모였다. 이들은 성경을 공부하고 기도하며 신앙을 유지했다. 이러한 모임 장소를 후에 '회당 Synagogue'이라 불렀다. 바빌론 유수 동안 성직자들은 의식을 하는 대신 공동체를 가르치고 지도했다. 바빌론 유수가 끝난 뒤, 유대인들은

1세기 무렵의 감라 회당 유적이 남은 골란고원

예루살렘 성전으로 돌아갈 자유를 얻었다. 그러나 회당은 사라지지 않았고, 유대인의 신앙생활 중심지로 자리 잡았다. 회당은 지금도 전 세계 유대인 공동체의 중심으로 남아 있다.

회당 중심으로 전환

기원전 586년, 바빌로니아가 예루살렘 성전을 파괴하며 유대교는 큰 변화를 겪었다. 기원전 516년, 유대인들은 페르시아로부터 허락을 받고 예루살렘에 성전을 재건했다 이를 제2 성전이라 한다. 이 성전은 서기 70년 로마에 의해 파괴될 때까지 유대교의 중심 신전이었다.

제2 성전 시대에는 고위 성직자(대제사장)가 성전과 산헤드린이라는 최고 의회를 주관했다. 일반 성직자들은 제사와 의식을 집행했다. 레위인*들은 성전 재산을 관리하고, 예배자를 안내하며, 음악 봉사를 맡았다. 같은 시기에 새로운 학자 계층인 '소페림Sopherim'이 등

히브리 성경 토라의 창세기 편

* 이스라엘 민족의 제사장이 되는 특수한 지파로서 제사장을 도와 종교적 업무에 종사하는 계급을 가리킨다.

장했다. 이들은 토라**와 성경 문서를 필사하고 보존했으며, 구전 전통을 기록하고 체계화했다. 또한 율법 해석의 기본 원칙을 수립하고 예언서와 문서를 편집하고 정리했다.

랍비 제도 발전

로마인들이 제2 성전을 파괴한 후 '랍비' 제도가 본격적으로 발전했다. 랍비는 토라와 구전 전통을 해석하고 가르쳤다. 이들은 회당에서 예배와 의식을 지도하고, 법적·윤리적 문제에 자문을 제공했다. 랍비들은 구전 율법을 기록해 『미쉬나』를 완성했다. 미쉬나는 유대교 구전 전통을 체계적으로 정리한 첫 번째 기록이다. 이후 3~6세기에는 미쉬

1900년대에 촬영한 유대교 랍비의 모습

나에 대한 해석과 토론을 담은 『탈무드』가 편찬되었다. 탈무드는 유대교 율법과 생활에 관한 중요한 지침서로 자리 잡았다. 랍비들은 성전 의례에서 토라 연구와 기도로 신앙의 중심을 전환했다. 이들은 학문 지도자로 공동체를 이끌었고 새로운 유대교 신앙 체계를 확립하

* '구약 성서의 첫 다섯 편인 창세기, 출애굽기, 레위기, 민수기, 신명기.

는 데 이바지했다.

성경 해석을 둘러싼 갈등

유대인들은 성직자와 성경을 중심으로 생활했다. 성직이 다양해지면서 성경 해석과 종교 실천 방식에 대한 의견 차이가 생겼다. '바리새인*'들은 성서를 법률적으로 해석하며 구전 전통의 권위를 강조했다. 이들은 스스로 감독자로 여겼고, 대중에게 윤리 규범을 가르쳤다.

'사두개인'들은 바리새인과 대립한 엘리트 성직자 계층이었다. 성경의 권위를 인정했지만 구전 전통은 부정했다. 두 집단의 사이에 갈등과 긴장이 지속되었다. 기원전 63년, 로마 군대가 유대 지역을 점령하며 혼란스러운 상황은 진정되었다. 로마 통치 이후, 성직자들과 랍비들은 새로운 문제에 직면했다. 로마 통치, 유대 공동체 분열, 예수의 등장과 그를 따르는 추종자들 때문에 상황은 점점 복잡해지고 갈등은 심해졌다.

* 유대교의 한 분파

초기 기독교 성직자

예수와 기독교

기원전 4년경 로마 제국이 지배하던 유대 지역 베들레헴에서 예수가 태어났다. 그는 갈릴리 지방의 나사렛에서 성장했다. 30세 무렵 세례 요한으로부터 세례 받고 본격적으로 종교 활동을 시작했다. 예수는 비유를 통해 사랑, 용서, 겸손, 정의를 강조하며 아픈 사람을 고치고, 어려운 이웃과 함께했다. 그는 유대교에서 중시하는 형식적인 율법과 종교 지도자들의 거짓된 관행을 비판했다. 예수의 이런 활동은 유대 지도자들의 심기를 거슬렀다. 사람들은 그를 구약 성경에 나오는 이스라엘의 왕 '메시아'로 여겼다. 정통 유대교 성직자들은 그를 미치광이, 이단자라고 비난했다. 유대인뿐 아니라 로마인도 당황했다. 예수가 로마 제국 공식 종교와 정치를 직접 비난하지는 않았지만 그가 전하는 메시지가 로마 체제를 위협할 수 있었기 때문이다. 예수를 따르는 추종자가 늘어나자, 로마와 유대교 지도자들은 예수를 더욱 경계했다. 결국 기원후 30년경, 로마 제국 본디오 빌라도 총독은 예수를 반역죄로 십자가에 매달아 처형했다. 예수가 남긴 가르침은 사도 바울 등 제자들을 통해 퍼져나가 '기독교'라는 새로운 종교로 발전했다.

예수 초상(야야 소피아 사원)

예수의 뜻을 이어받은 사도

예수가 십자가에서 처형된 이후, 추종자들은 예수가 남긴 메시지를 퍼트렸다. 특히 예수가 선택한 12명의 제자가 '사도Apostles'가 되어 초기 기독교 공동체를 이끌어갔다. 이들은 1세기 동안 새로운 신앙 공동체를 만들었다. 초기 기독교 공동체는 두 가지 형태로 예배를 보았다. 첫째는 유대교 회당 예배 형식의 모임이었다. 이 모임은 구약 성경 읽기, 기도, 찬송, 교훈으로 구성됐다. 둘째는 '아가페agapē'라 불린 공동 식사 모임이었다. 아가페는 사랑을 뜻하는 그리스어로, 기독교에서는 인간을 향한 신의 사랑을 뜻한다. 일반 예배는 모든 사람에게 열려 있었고, 아가페 모임은 신자들만 참여했다. 아가페 모임

예수가 죽기 전에 그의 열두 제자와 함께한 만찬 모습을 그린 레오나르도 다 빈치의 〈최후의 만찬〉

에서 신자들은 자신의 신앙 체험을 나누었다. 이 모임에서는 '성찬식 **eucharist**'을 열었다. 성찬식은 예수의 최후의 만찬을 기념하는 의식이다. 신자들은 빵과 포도주를 나누며 예수의 죽음과 부활을 기억했다. 빵은 예수의 몸, 포도주는 예수의 피를 상징했다. 일부 공동체는 영적 체험도 공유했다. 초기에는 공식적인 성직자 체계가 없었다. 대신 사도들과 그들이 임명한 지도자들이 공동체를 이끌었다. 사도가 각 지역 교회 책임자로 임명한 사람을 '감독**episkopos***'이라 했다. 이들은 사도의 가르침을 보존하고 전했다. 감독은 사도들이 죽은 후에는 교회 공식 지도자가 되었다.

---

* 감독은 그리스어 'episkopos'를 번역한 말이다. 이는 영어로는 'bishop'이며 '주교'라고도 한다.

열두 사도

예수는 12명의 제자를 직접 선택했다. 이들은 예수를 배우고 전파하는 사도가 됐다. 사도는 '베드로', '요한', '야고보', '안드레', '도마', '빌립', '바돌로매', '마태', '작은 야고보', '시몬', '유다', '가룟 유다'였다. 가룟 유다가 예수를 배신한 후, '마티아'가 새로운 사도가 됐다. 예수가 죽은 후 사도는 초기 기독교 공동체를 조직했고, 예수가 남긴 메시지를 전파해 초기 교회를 세우는 바탕이 되었다. 베드로와 요한은 예루살렘 교회를, 바울은 이방인 선교를 이끌었다.

열두 사도 중 베드로가 천국의 열쇠를 받는 모습의 그림(피에트로 페루지노)

발전하는 교회 조직

초기 기독교 공동체에서는 종교 지도자의 역할이 점점 커졌다. 로마 제국은 나라에서 기독교를 금지했기 때문에 신자들은 주로 개인 집이나 비공식 장소에서 예배를 드렸다. 공동체 지도자들은 예배를 인도하고 새로운 신자들을 교육하는 역할을 맡았다. 새 신자 교육은 '카테키즘catechism'이라 불렸으며, 이는 '세례baptism'로 이어졌다. 세례는 예수가 요단강에서 받은 세례를 모범으로 삼아 새 신자를 물에 완전히 담그는 방식이었다. 죄를 씻고 새로운 삶을 시작한다는 상징적 의미를 담고 있었다. 세례를 받으려면 카테키즘 교육을 먼저 이수해야 했다. 교육은 몇 달에서 길게는 3년까지 걸릴 수 있었다. 예비 신자는 자신의 신앙과 삶의 변화를 공동체에 보여야 했다. 세례는 공동체가 인정한 지도자가 진행했다.

초기 교회 조직은 점차 체계화되었다. 감독과 '장로presbyter'가 공동체를 이끌며 영적 지도력을 제공했고, '집사deacon'들은 봉사와 관리를 담당했다. '교사teacher'들은 성경 교육과 교리 교육을 맡았다. 이러한 초기 교회 조직은 이후 더 정교하고 체계적인 제도로 발전했다.

설교와 가르침이 중요해지다

초기 기독교 교회에서는 예언자와 교사들이 성경을 가르치고 해석하는 일을 주로 했다. 의식과 성사 집행은 사도나 지역 지도자가 주로 맡았다. 시간이 지나면서 교회는 이교도들을 적극적으로 받아들이고, 지중해 동부와 소아시아 지역에 기독교를 전파하는 데 힘썼다. 특히 바울은 예수가 이스라엘뿐 아니라 전 인류의 메시아임을 강조하며, 이방인에게도 기독교를 전도했다. 1세기 말까지 기독교는 유대교를 넘어 확장되기 시작했고, 설교와 성경 교육의 중요성도 커졌다. 이후 교회 조직이 발전하면서 체계적으로 훈련받은 장로와 감독이 설교와 교육을 책임졌고, 이는 기독교를 확산시키는 중요한 기초가 되었다.

모습을 갖춰가는 가톨릭

2세기 중반 기독교 교회는 점차 '가톨릭'이라 불리게 되었다. 이는

'보편적'이라는 뜻의 그리스어에서 유래되었고, 특정 국가나 문화에 국한되지 않고 모든 신자를 포용한다는 의미다. 가톨릭의 정통 교리는 장로와 감독이 협의하여 정리했다. 가톨릭교회는 모든 감독이 열두 사도의 영적 계승자라고 생각했다. 이 계승은 사도 베드로가 안수를 통해 자기 후계자들에게 영적 권위를 전수한 것에서 시작되었다. 사도들이 사라진 이후에는 감독이 후임 감독을 서품하는 방식으로 계승이 이어졌다. 이 전통에 따라 가톨릭교회는 모든 감독을 하느님의 신성한 성직자로 간주했다. 감독이 가진 권위는 안수를 통해 전달된 신성한 힘에서 비롯된다. 감독은 사도를 계승한 사람으로서 특별한 지위를 받았고, 신앙과 교리를 지도할 권위를 지녔다고 인정받았다. 이 주장은 이후 감독직과 성직자가 누리는 권위를 정당화하는 중요한 기반이 되었고, 교회 조직을 안정시키는 데 이바지했다.

감독, 장로, 성직자

1세기 무렵, '감독'과 '장로'는 뚜렷이 구분되지 않았다. 둘 다 지역 종교 공동체를 이끄는 지도자를 가리키는 말로 사용했다. 당시 공동체를 이끄는 지도자 집단 내에서 장로 중 한 사람이 대표 격으로 감독 역할을 맡았다. 그러나 감독과 장로는 누가 높고 낮은 관계가 아니라 서로 협력하는 관계에 가까웠다. 교회가 성장하고 조직이 커지면서, 감독 한 명이 관리하는 지역이 점차 확대되었다.

2세기 중반 이후, 기독교 공동체가 증가함에 따라 감독은 대도시 와 넓은 지역을 담당하게 되었다. 감독이 하는 일이 많아지면서, 지역 교회를 직접 관리하는 역할은 장로가 맡게 되었다. 이들은 감독을 보조하며, 지도자보다는 '성직자priest' 역할을 맡기 시작했다. 성직자를 영어로 'priest'라고 하는데, 이는 장로를 뜻하는 영어 단어 'presbyter'에서 유래했다. 4세기 무렵부터, 성직자는 감독의 지시에 따라 각 지역 교회를 운영하고, 예배를 주관하며, 성찬, 세례, 고해와 같은 의식을 집행하는 역할을 맡았다. 4세기 후반에는 성직자를 정식으로 서품하는 제도가 보편화되어, 성직자가 지역 교회를 이끌었다.

로마 제국 국교가 된 기독교

서기 394년, 로마 황제 테오도시우스 1세는 기독교를 로마 제국의 국교로 삼았다. 이로써 기독교는 로마 내에서 유일한 합법 신앙으로 자리 잡았고, 수 세기 동안 겪었던 박해에서 벗어났다. 가톨릭 감독과 성직자는 국가에서 공식적으로 인정한 종교 지도자가 되었으며, 기독교가 아닌 종교 조직은 해체되었다. 로마 제국은 기독교 신앙이 쇠퇴하던 제국을 통합해 줄 것이라 기대했다. 기독교는 로마 사회와 문화에 깊숙이 스며들며 모든 일상생활에 영향을 미쳤다. 성직자는 새로운 존엄과 권위를 얻었다. 주요 교회에는 설교, 예배 주관, 성사 집행을 맡은 감독이 성직자와 수녀 같은 종교 내 성직자를 임명하고, 교회 조직을 관리했다. 이러한 교회 조직과 성직 체계를 기초로 기독교 교회는 발전해 나갔다.

주교와 고위 성직자

주교는 보통 큰 성당에 자리 잡았다. 존엄을 상징하는 의식용 의복을 입었고, 주교가 영적 지도자임을 나타내는 주교관(미트라)을 썼다. 주교는 양 떼(신도)를 돌보는 성스러운 양치기라는 의미를 지닌 '사목 지팡이'를 짚었다. 주교는 십자가를 목에 걸어, 십자가에서 희생한 예수를 기리며, 신앙을 위해 고난을 감수하겠다는 의지를 표현했다. '성스러운 반지'는 교회와 결혼해 헌신한다는 의미였다. 교회가 성장하면서 주교보다 높은 성직자 계급도 나왔다. 로마, 안티오키아, 알렉산드리아 등 주요 도시를 책임지는 주교는 다른 주교보다 더 큰 권위를 부여받았다. 이들은 '대주교'가 되었다. 대주교는 주교들을 관리하

사목 지팡이와 십자가, 성스러운 반지를 착용한 베네딕트 수도원 수녀원장(바르샤바 국립박물관, 왼쪽)과 주교가 쓰는 모자(라 퍼스빌 시립박물관, 오른쪽)

고, 이들과 협력하여 주요 의식과 대규모 교회 행사를 책임졌다. 각 지역에서 가장 오래된 교회나 중요한 교회를 담당한 주교를 '수좌 주교'라 했다. 수좌 주교는 해당 지역이나 국가의 교회를 대표하는 최고위 성직자로서 교회 법정을 주재하고*, 교회 회의를 소집하며, 주교를 임명하는 서품식을 주관했다.

기독교 최고 성직자 교황

'교황'은 로마 가톨릭교회 최고 지도자로, 로마 주교직에서 발전한

* 어떤 일을 중심이 되어 맡아 처리하다.

레오 1세 초상

성직이다. 1~2세기에는 로마 주교도 다른 지역 주교들과 동등한 지위를 가졌다. 그러나 3세기부터 로마 주교는 교리 갈등을 중재하고 이단을 규탄하며 교회 내에서 중요한 역할을 맡기 시작했다. 313년에 기독교가 로마 제국에서 공인되고, 국교가 되면서 로마 주교의 지위는 더욱 높아졌다. 5세기, 로마 주교 '레오 1세(440~461년)'는 콘스탄티노폴리스, 알렉산드리아와 같은 대도시 주교들과의 경쟁 속에서, 로마 주교가 사도 베드로의 계승자임을 강조하며 자신의 권위를 정당화했다. 451년 소아시아의 도시 칼케돈(오늘날 튀르키예 이스탄불 주)에서 열렸던 칼케돈 공의회에서는 로마 주교가 다른 주교들보다 높은 지위를 가졌음을 공식적으로 인정했다. 다만, 동로마 제국에서는 콘스탄티노폴리스 주교가 로마 주교 다음으로 높은 지위를 가지며 여전히 경쟁 관계를 유지했다. 교황은 로마 바티칸에 머물며 대주교와 주교를 감독하는 최고 지도자로 활동했다.

로마 제국 몰락과 성직자

로마 제국이 몰락하면서 로마의 문화와 정치 조직은 사라졌다. 그러나 가톨릭교회는 살아남았다. 이는 로마를 침략한 게르만족 대부분이 이미 기독교로 개종했기 때문이었다. 서유럽이 정치적 혼란과 함께 문화와 경제가 침체하기 시작했지만, 성직자는 수도원에서 문화를 보존하고 전승했다. 수도원은 당시 지적인 문화 활동이 지속될 수 있는 거의 유일한 장소였다. 동로마 제국에서는 콘스탄티노폴리스를 중심으로 기독교가 제국 종교로 발전했다. 이 지역에서 로마 교황은 비잔틴 황제와 '총대주교'로부터 도전을 받았다. 콘스탄티노폴리스 총대주교는 동방 정교회 수장으로 로마 교황과는 별도로 종교적 권위를 주장했다. 가톨릭교회는 서유럽에 새로 등장한 프랑크 왕국과 협력하면서 영향력과 권위를 회복했다. 교회는 교육과 문화 중심지로서 중세 유럽 문명이 발전하는 토대를 마련했다.

기독교와 공존한 토착 종교 성직자

서구 세계에서 기독교가 유일한 종교는 아니었다. 특히 북유럽, 북서유럽, 갈리아(오늘날 프랑스)와 브리타니아(영국)에서는 토착 종교들이 기독교와 오랫동안 공존했다. 이런 토착 종교 성직자로 켈트족 성직자인 '드루이드'가 있었다. 드루이드는 켈트 사회에서 매우 높은 권위를 가졌다. 부족 간 분쟁을 조정하고, 예언과 점술로 중요한 결정을 할 때 조언해 주었다. 또한 역사가이자 시인으로서 부족의 역사와 전통을 보존했다. 그들은 말로 지식을 전수했기 때문에, 기록을 남기지 않았다. 드루이드에 대한 기록 대부분은 로마인들이 남겼다. 율리우스 카이사르는 『갈리아 전기』에서 드루이드들이 집행하는 의식과 그 의식이 사회적으로 어떤 역할을 했는지 자세히 기록했다. 그는 드루이드들이 인간 제물을 바쳤다고 언급했다. 하지만 현대 학자들은 이런 기록을 그대로 믿지 않는다. 로마가 켈트족을 정복한 일을 정당화하기 위해 드루이드들을 야만적으로 묘사했을 수도 있기 때문이다. 로마 침략 이후 드루이드는 점차 약해지다가 이후 기독교가 점점 퍼져 나가면서 자취를 감추었다.

고대 중국 신앙

샤머니즘

'샤머니즘Shamanism'은 '샤먼Shaman'이라는 신, 영혼, 또는 자연과 소통할 수 있는 주술사가 병을 고치고 미래를 예언할 수 있다고 믿는 종교다. 한자로는 '巫(무)'라 쓴다. 두 사람이 소매를 펼쳐 춤추는 모습을 본뜬 글자다. 우리나라에서는 샤먼을 '무당巫堂'이라 부른다. 무당은 원래 여성 무속인을 가리키는 말이지만, 성별 구분 없이 사용한다.

하늘이나 영혼과 소통하고 있는 샤먼의 모습은 황홀경에 빠져 마치 제정신을 잃은 것처럼 보인다. 이 상태를 사람에게 신이 내린 '접신'이라고 하는데, 신, 영혼, 자연과 연결되는 상태를 의미한다. 춤과 노래, 악기 연주는 샤먼이 접신 상태로 들어가거나 다른 참가자가 몰

신석기 시대 종교 의식을 재현한 모형(내몽골 박물관)

입하도록 돕는 중요한 요소다. 샤머니즘은 인류 초기부터 존재했던 원시적 신앙이다. 특히 시베리아에서 발달했고, 중국, 한국, 아메리카 원주민, 아프리카 등 전 세계에서 찾을 수 있다.

무와 축

고대 중국에서 '무巫'는 신에게 제사 지낼 때 신과 인간의 중개자였다. 이들은 노래와 춤으로 악한 귀신을 쫓아내고, 점을 치고, 비를 내리게 하고, 꿈을 해몽하고, 병을 치료했다. 무는 아무나 될 수 없었다. 중국 고대 기록에 따르면 신은 명석하고 총명한 사람에게 내리는데, 남자에게 내리면 '격格', 여자에게 내리면 무라고 했다. 이들은 제물과 제기를 준비하고, 때마다 옷을 차려입고 제사를 지냈다. 제사를 담당하는 '축祝'도 있었다. 축은 제사 지낼 때 '축문'이라는 글을 읽어 신에게 기원하였다. 문자에 밝고 예법을 잘 아는 남성 귀족이나 관리가 맡았다. 제사는 매우 복잡했다. 정해진 순서와 방식에 따라 옷을 입고, 행동하고, 주문을 외우고, 노래했다. 성스러운 의식에서 실수는 용납할 수 없었다. 무는 물론이고 모든 참석자가 규칙을 따라야 했다. 만약 규칙을 어긴다면 집단 전체에 큰 재앙이 닥친다고 믿었다. 이런 복잡한 의식은 이후 각종 예술, 기술, 의약 등으로 발전했다.

점치는 일

무가 하는 일 중에서 점치는 일을 전문으로 하는 사람을 '복卜'이라 했다. 점치는 법은 크게 두 가지였다. 하나는 소나 사슴 뼈, 혹은 거북 껍질을 불에 달궈 갈라진 모습으로 점치는 '뼈 점(혹은 거북점)'이다. 다른 하나는 '시초'라는 식물의 줄기를 이용하는 '시초점'이다. 거북점과 시초점은 모두 미래를 예측하기 위해 사용했다. 점을 통해

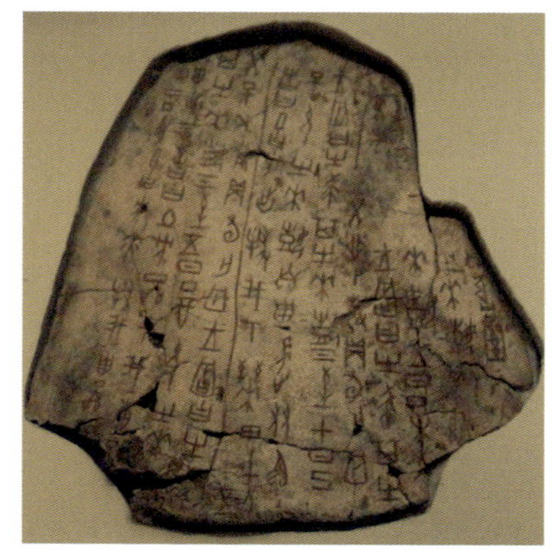

기원전 1250~ 기원전 1050년 경 상나라 시대 소뼈에 기록한 점괘(중국 국립박물관)

조상이나 신에게 질문하고, 어떻게 행동할지 정했다. 점괘에 따라 행동해야 좋은 일이 생기고 나쁜 일은 피할 수 있다고 믿었다. 점치는 법은 매우 복잡했고, 어려운 숫자 계산도 필요했다. 이는 훗날 사물의 현상을 설명하는 '주역'과 같은 사상으로 발전했다.

가장 높은 무가 곧 최고 권력자

고대 사회에서 하늘과 소통하는 무는 최고 권력자였다. 정치적 지도자가 곧 무 중에서도 우두머리였다. 왕은 신과 인간을 연결하고, 최종 결정을 내렸다. 제사 지낼 때 쓰는 각종 도구는 하늘과 소통하는 신비한 물건이었다. 특히 옥으로 만든 제기는 왕을 상징했는데, 고대의 왕은 정치와 종교를 모두 주관했다는 것을 잘 보여주는 고대 일화가 있다. 고대 상나라를 건설한 탕왕이 천하를 다스릴 때 5년간 큰 가뭄이 들어 기근에 시달렸다고 한다. 이에 탕왕은 자기 머리카락을 자르고 손을 갈아 제물로 바치고 기도했다. 기도를 올리자 비가 크게 내렸다고 한다.

하늘의 일과 인간의 일

중국 역사책 『국어國語』 「초어楚語」 편에는 하늘의 일을 다루는 무와 인간의 일을 다루는 '사史'가 나뉜다고 설명한다. 『국어』에 따르면 고대 사회는 인간 세계와 신령 세계가 뒤섞여 혼란스러웠다. 당시 통치자인 '전욱'은 이 혼란을 바로잡고 인간 세계와 신령 세계를 구분하는 제도를 만들었다. 그는 신령 세계의 일은 '중重'이라는 사람에게, 인간 세계의 일은 '려黎'라는 사람에게 맡겼다.* 전욱은 하늘과 땅을 분리하고, 인간과 신이 하는 역할을 구분했다. 이 구분은 이후에도 계속되어 고대 중국 사회와 종교 체계를 이루는 기반이 되었다.

전욱을 묘사한 그림

사는 관청에서 문서를 관리하고 통치를 도왔다. 무와 사는 서로 뗄 수 없었다. 하늘의 뜻을 알아야 인간을 다스릴 수 있었기 때문이다. 시간이 흐르고 무는 주역과 결합해 점차 논리적이고 체계적으로 발전했다. 주역에 능한 사람은 뼈점이나 시초점을 치지 않고도 변화를 이해하고 미래를 예측할 수 있었다.

힘이 줄어든 무

상나라와 주나라에서 무는 큰 권력을 가졌다. 이들은 제사와 점, 장

---

* '려'를 사람이 아닌 관직 이름으로 해석하기도 한다.

례 등 종교 활동을 주관했고, 정치와 경제에서도 중요한 역할을 했다. 갑골문과 같은 문자를 만들고, 하늘을 관찰해 미래를 점쳤다. 이 과정에서 천문학 지식을 쌓으며 과학과 문화 발전에 기여했다. 문학, 역사, 음악, 무용, 수학 등 여러 학문 분야에서도 공적을 남겼다.

주나라가 쇠약해지면서 춘추 전국 시대에 접어들자 무가 가진 권력은 줄어들었다. 국가 제사와 의식은 누구나 따라 할 수 있는 행동 규칙인 '예禮'로 바뀌었다. 유교와 철학 사상이 발전하며 귀신과 신령에 대한 신앙이 줄어들었다. 문자가 널리 보급되면서 무보다 사가 하는 일이 중요해졌다. 과학 기술과 의학이 발전해 병을 치료했던 무의 역할이 점점 줄어들었다. 점차 무는 민간에서만 믿고 국가의 주요 결정에서 멀어지게 되었다.

● 정치 체제를 주도한 유교

윤리, 철학, 정치 체계로서 유교

유교는 윤리, 철학, 정치 체계로 중국과 동아시아에 깊은 영향을 미쳤다. 기원전 5세기경 공자는 유교 사상의 기초를 마련했다. 이후 유교는 수천 년 동안 동아시아 사회와 국가를 이끄는 중심 사상으로 자리 잡았다. 유교는 '인仁'과 '덕德'을 통해 이상적인 세계를 현실에서 이룰 수 있다고 보았다. 유교는 '하늘天'이 세상 모든 것의 근원이라고 보았다. 그래서 하늘의 뜻인 '천도天道'를 따랐다. 제사는 하늘과 조상을 기리고 도덕과 전통을 이어가는 중요한 의식이었다. 유교는 제사를 통해 개인의 복을 구하지 않았다. 대신 죽은 조상을 공경하며 가족과 공동체의 도덕 전통을 계승했다.

공자는 내세보다 현실 세계를 중요하게 생각했다. 제자 자로가 죽음에 관해 묻자, 공자는 "삶도 모르는데 어찌 죽음을 알겠는가."라고 답했다고 한다. 유교는 초월적 존재나 신이 내리는 구원을 강조하지 않았다. 대신 인간관계 윤리, 도덕적 수양, 그리고 국가 통치 원리를 중요하게 여겼다. 그래서 유교는 종교라기보다는 윤리와 철학, 정치 체계로 여겨진다.

관리가 담당한 제사

중국 황제와 조정은 하늘에 제사를 지내 국가와 백성의 안녕을 기원했다. 고위 관리는 국가 제사와 종교 의식을 주관했다. 한나라 이후 '태상'이라는 관청과 같은 이름의 관직이 제사와 의식을 총괄했다. 이 관청은 이후 왕조에 따라 이름이 변했지만, 국가 제사, 종교 의식, 궁중 예절, 황실 조상 제사 등을 담당했다. 여러 관리가 제사에 필요한 일을 나누어 맡았다. 축문을 작성하고 낭독하는 관리, 천문 관측을 통해 제삿날을 정하는 관리, 제사 음악을 담당하는 관리, 제사 용품과 음식 준비를 책임지는 관리도 있었다. 민간 공동체와 가문은 조상이나 특별한 대상에게 제사를 지냈다. 제사를 지낼 때는 『주자가례』와 같은 예법 책을 참고했다.

● 민간에 뿌리내린 도교

민간에서 융성한 도교

공자와 비슷한 시기 활동한 노자는 도교를 시작한 인물로 알려져 있다. 그는 세계의 근원이자 운행 원리를 '도道'라고 생각했다. 그래서 인간의 힘으로 이루는 것이 아니라 자연스럽게 살아가는 '무위자연無爲自然'을 추구했다. 이러한 노자와 그 뒤를 이은 장자의 사상과 민간 신앙, 신비주의 등이 결합해 도교라는 종교로 발전했다.

도교는 점차 체계를 갖추었고, 민간에서 세력을 키웠다. 한나라 말기

물소를 탄 노자의 모습(국립고궁박물관)

에는 집단을 이루어 특정 지역을 다스리고, 때로는 국가 권력에 저항하기도 했다. 황실에서도 도교를 중요하게 여겼다. 황제가 하늘에 올리는 제사, 국가적 재앙을 해소하기 위한 의식 등은 도교의 영향을 받았다.

도교 성직자

도교가 종교로 체계화되기 전, 민간에서는 신비한 능력을 가진 '방사'들이 활동했다. 이들은 영원히 사는 술법을 익히며 신선이 되는 것을 목표로 삼았다. 방사들은 늙지 않는 '불로불사'의 영약을 제조하고, 점술과 주술을 행했으며, 천문을 관측해 미래를 예언했다. 중국을 통일한 진나라 황제 진시황은 방사들을 통해 죽음을 피하는 영약을 구하려 했고, 이들 중 일부는 황실의 신뢰를 얻어 활동했다. 한나라 시기에도 방사들은 황실과 귀족을 위해 연단술*과 주술 의식을 행하며 사랑받았다. 그러나 도교가 체계화되면서 방사들의 역할은 점차 줄어들었다.

3세기 후반, 도교는 종교 교단으로 조직되기 시작했다. 후한 말기, 사천성 지역에서 장도릉이 '오두미도'라는 교단을 창설하며 자신을 '천사'라 칭했다. 천사는 하늘이 보낸 스승이라는 뜻이다. 천사는 도

---

* 중국에서 도사가 수은이 들어간 금속으로 황금이나 불로불사의 약을 만들었다는 기술.

교 지도자로서 경전을 연구하고 교리를 정리했으며, 의식을 주관하고 질병을 치료했다.

도교 신자들이 모이는 장소는 '도관'이라 불렸다. 6세기 이후, 황실에서 도교를 공식적으로 후원하며 도관이 많이 늘어났다. 도관은 점차 지역 사회에서 종교 중심지로 자리 잡았다. '도사'는 도관을 관리하며 의식을 주관하는 도교의 성직자였다. 또한 수행을 지도하며 신도들에게 도교를 전파했다.

● 불교 전래와 승려

불교가 전해지다

기원전 6세기 인도에서 시작된 불교는 1세기 무렵 중국에 들어왔다. 67년(후한 명제 10년), 중국 최초의 불교 사찰로 여겨지는 백마사가 뤄양 서쪽에 건립되었다고 전해진다. 이 시기 불교 경전과 함께 불상이 처음으로 들어왔다.

2세기 후반에는 불교 경전을 한문으로 번역하는 작업이 본격적으로 시작되었다. 특히 154년(후한 환제 8년)에는 궁궐에 절을 세우고 참배하는 등 상류층에서 불교가 유행했다.

한나라가 멸망한 후 중국은 혼란기를 겪었지만, 오히려 불교는 이 시기에 번성했다. 4세기 무렵이 되면 불교는 점차 중국 전역으로 퍼져나갔다. 중국인들은 전통적인 도교와 비슷한 점이 있는 불교를 쉽게 받아들였다. 4세기 후반부터 약 500년 동안 중국에서 불교는 전성기를 누렸다. 황제와 귀족들의 후원으로 불교 사찰이 세워졌다. 불교 수도자인 '승려'는 학문과 문화를 주도했다.

수, 당나라 불교와 승려

300여 년간 분열되어 있던 중국은 589년 수나라가 통일했다. 수나라는 불교를 국교로 삼았다. 나라에서 불교 의식을 주도했으며 사찰을 짓고 불경을 번역했다. 수나라 승려는 황실과 귀족으로부터 보호받으며 높은 사회적 지위를 누렸다. 불교 사찰은 넓은 토지를 소유해 경제적으로 풍족했다. 백성들도 불교를 민중 신앙으로 받아들였다. 하지만 일부 도교와 유교 세력으로부터 견제 받았다.

수나라는 채 40년도 되지 않아 멸망했다. 수나라의 뒤를 이은 나라는 당나라였다. 당나라에서 불교는 황금기를 누렸다. '선종', '화엄종', '천태종' 등 중국에 뿌리를 둔 불교 종파가 발전했다. 승려들은 활발하게 불경을 번역하고 교리를 연구했다. 이들은 학문과 예술에 이바지하는 지식인으로 존경받았다. 일부 덕과 학문 높은 승려(고승)는 임금의 스승인 '국사'로 임명되어 황실을 자문하고 불교 의식을 주관했다.

도첩 제도

　도첩 제도는 승려 신분을 공식적으로 인정하고 관리하기 위한 제도였다. 4세기 무렵 등장하여 수나라, 당나라 시기에 체계를 갖추었다. 당나라 현종 때인 733년에 공식적으로 도입했다. 승려가 되려고 하는 사람은 중앙 관청이나 지방 관청에 도첩을 신청했야 했다. 도첩을 신청하면 관청에서 신청자를 엄격하게 심사했다. 신청자는 신체

승려의 여러 이름

승려는 경우에 따라 여러 이름으로 부른다. 성인 남성으로 출가하여 정식 승려가 된 이는 '비구'라 한다. 비구는 250가지 규율을 지키고, 불교 교리를 학습하고 수행해 깨달음을 얻고자 한다. 여성 승려는 '비구니'라 한다. 비구보다 더 많은 348가지 계율을 지켜야 한다. 중국에서 비구니는 비구보다 더 늦게 확립되었으며, 사회적인 활동 범위가 제한되었다. 출가했지만 정식 승려가 되지 못한 나이 어린 남성은 '사미', 여성은 '사미니'다. 이들은 정식 비구나 비구니가 되기 위한 준비를 한다. 깊은 산속에 살며 수행하는 승려는 '아란야'라 한다. 이들은 사찰에서 공동체 생활을 하기보다는 개인 수행을 중요하게 생각한다.

학문적, 종교적 수준이 높은 승려는 '대사'라 높여 부른다. 일반 승려와 달리 공로를 인정받은 고승에게만 사용한다. 원나라와 청나라 황실에서는 티베트 불교 승려 중 최고위 지도자는 '제사'라 불렀다. 제사는 황실 고문 역할을 하였으며 정치적 영향력도 컸다. 사찰 운영에 필요한 행정 절차와 종교 의식을 책임지는 승려는 '주지'라고 한다.

적 장애가 없으며 범죄와 관련되지 않아야 했다. 또한 불교 경전과 규범의 기초를 잘 알아야 했고 사찰의 추천을 받아야 했다. 관청과 사찰 모두 승낙해야만 도첩을 내주었다. 도첩을 받은 승려는 세금과 군역을 면제해 주는 대신 특정 사찰에 반드시 속해야 했다. 도첩은 승려 신분을 법적으로 보장했고, 국가는 사찰이 하는 경제적 활동과 승려 수를 효과적으로 관리할 수 있었다. 일부 승려는 도첩 없이 활동하기도 했다. 때로는 돈을 주고 도첩을 사서 자격이 없는 사람이 승려가 되기도 했다.

우리나라 고대 신앙

선사 시대 무속 신앙

선사 시대 사람들은 자연물인 태양, 달, 나무, 강과 같은 것들에 영혼이 깃들어 있다고 믿었고, 인간과 자연이 조화를 이루며 공존해야 한다고 여겼다. 홍수, 가뭄, 태풍 등 자연 현상은 초자연적 존재의 힘이라고 생각했고, 이를 다스리기 위해 종교 의식을 치렀다. 또한 특정 동물이나 식물을 부족의 상징이나 수호신으로 삼았다. 청동기 시대에 만들어진 비파형 동검이나 거울은 단순한 무기가 아닌 종교적 의례에서 사용된 도구로 추정한다. 고인돌(지석묘)은 선사 시대의 대표적인 제의 장소로, 조상 숭배와 집단 제사가 이루어진 공간으로 여겨진다.

단군 신화는 고대 무속 요소를 잘 보여준다. 인간이 되고 싶은 곰과

호랑이는 부족의 상징 또는
부족의 수호신을 나타낸다.
곰이 인간으로 변하는 이야기
는 무속과 관련이 깊다. 예를
들어 100일간 동굴에서 나오
지 않고 마늘과 쑥만 먹는 일
은 무당이 되기 위한 통과 의

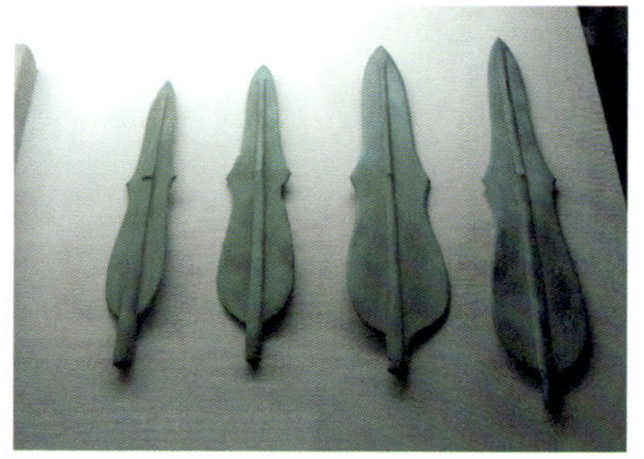

청동기 시대 비파형 동검(전쟁기념관)

례와 유사하다. 무당이 되려면 일정 기간 남들과 떨어져, 특정 음식을
먹지 않고 고통을 참고 견뎌야 한다. 이 과정을 통과하면 영적으로 변
화하여 무당이 된다. 곰은 이 통과 의례를 무사히 치르고 사람으로 거
듭났다. 하지만 호랑이는 시련을 인내하지 못해 변할 수 없었다.

무당이 하는 일

무당(샤먼)은 초자연적 존재와 인간 세계를 연결하는 중재자였다.
그들은 자연재해를 예방하거나 풍요를 기원하고, 질병을 치료하며
죽은 자의 영혼을 달래는 의식을 했다. 이 과정에서 춤, 노래, 그리고
다양한 제물(음식과 술 등)을 바쳐서 신과 소통했다. 무속은 사회를 통
합하고 질서를 유지하는 수단이었다. 무당은 공동체를 이끄는 정신
적 지도자로서 사회적 지위가 높았다. 이들은 단순히 종교인이 아니
라, 중요한 결정을 하는 정치적 지도자이기도 했다. 사람들은 제사를

지내는 데 재물을 보탰기에 무당은 경제적으로도 풍족했다,

무당의 종류

무당이 되는 방법은 둘로 구분된다. 첫 번째는 '강신무'다, 강신무는 신으로부터 선택을 받아 무당이 되는 경우이다. 무당은 '신병'이라고 불리는 신체적, 정신적 고통을 겪고 자기 몸에 신을 받아들여야 했다. 이를 신내림이라고도 한다. 신을 받으면 자기를 잃어버리거나 의식이 변하게 된다. 이런 신비한 체험이나 영적 능력은 무당이 될 수 있는 중요한 기준이었다.

다른 하나는 '세습무'다. 세습무는 가문 대대로 무속 전통을 이어받아 무당이 되는 경우다. 어릴 때부터 무속 지식을 배우며, 의식을 하

무당을 뜻하는 여러 이름

무당은 시대, 지역, 역할에 따라 다양한 이름으로 불렸다. 서울, 경기 지역에서는 '만신'이라 한다. 여러 신을 섬긴다는 뜻이다. 강원도와 중부지역 일부에서는 '당골'이라 부르기도 한다. 경상도 지역에서는 '화랭이'라 부른다. 앉아서 점을 치는 무당은 '명두'라 한다. 점과 예언을 주로 담당하는 무당은 '태주'라 부르기도 한다. 병을 고치고 미래를 예언하는 남성 무당은 보통 '박수'라 한다. 그 외에도 불교 용어인 '보살'이나 '법사', 무당을 존경하는 뜻에서 '신령님'이라는 이름을 쓰기도 한다.

는 법을 물려받는다. 신내림과 같은 강렬한 체험이 필요하지 않다. 기술적이고 학습된 방식으로 무속 의식을 수행한다. 고대에는 강신무가 주류를 이루었다. 세습무는 삼국 시대 이후에 본격적으로 등장한다.

● 삼국 시대 무속과 무당

무속이 중심이 된 삼국

삼국 시대에는 무당과 관련된 풍속(무속)이 국가 통치 이념과 결합했다. 무속은 자연과 조상을 숭배했는데, 특히 산신, 천신, 용신 등 자연물 신앙이 강했다. 무속은 정치와 종교 영역에서 중요한 역할을 함께 맡았다. 왕실 의식과 지역 축제는 무속을 중심으로 진행되었다. 무속 의례는 계절과 농사짓는 주기에 맞춰 열렸다. 이는 후대에 해마다 일정한 시기에 되풀이되는 고유한 세시풍속으로 전해졌다. 주몽 신화, 박혁거세 신화 등 '건국 신화'도 무속적 요소가 강했다.

민간과 왕실 모두에서 중요한 무당

삼국 시대에 무당은 왕실과 민간에서 중요한 역할을 했다. 신과 인간 사이를 중재해 질병을 치료하고 재앙을 막는 의식을 치렀다. 그리고 농경 사회에서 가장 중요한 농사가 잘 되기를 기원했다. 이를 위해 큰 규모로 제사를 드렸는데, 그 과정에서 공동체를 결속시켰다. 지역 무당은 그 지역의 고유한 문화도 전승했다.

왕실에서 무당은 더욱 중요한 역할을 맡았다. 신라의 왕은 자신의 신성함을 주장하기 위해 무당의 권위를 활용했다. 신라 초기 왕은 '차차웅'이란 칭호를 사용했는데, 이는 무당, 또는 제사장을 뜻한다. 무당은 신탁과 제사를 통해 왕권을 신성화했고, 이를 통해 국가를 단결시켰다. 왕실 무당은 신탁을 받아 왕실 정책에 영향을 미쳤으며 나라에 중요한 일이 있을 때 점을 치고, 예언해서 결정을 도왔다. 국가에 위기가 닥쳤을 때는 굿을 벌여 위기를 극복하려 했다.

고분벽화에 나타난 무속

고구려 고분벽화에는 왕과 의례를 주관하는 사람, 춤추는 사람, 악기를 연주하는 사람이 등장하는 의례 장면이 묘사되어 있다. 이를 통해 왕권을 강화하고 정당화하기 위해 무속의 의식을 사용했음을 짐작할 수 있다. 의례를 주관하는 인

고구려 강서대묘 석실 남면의 상상의 동물 주작도

물은 무당이나 제사장으로 추정되며, 춤과 의식 도구를 통해 초자연적 존재와 교감하는 모습이 표현되어 있다. 이들은 아마도 고구려 사회에서 높은 지위를 가지고 왕실과 밀접하게 연관되었을 것이다. 또한 무덤 벽화에는 용, 봉황 등 신성한 동물이 등장하는데, 이는 고구려인이 초자연적 존재와의 교감을 중시했으며 동시에 왕권의 권위를 상징적으로 표현한 것으로 볼 수 있다.

● 불교가 자리 잡은 삼국 시대

삼국의 불교 전래

고구려

공식적으로 우리나라에 처음 불교가 전해진 시기는 372년이다. 고구려에 중국 전진왕 부견이 보낸 승려 '순도'가 불경과 불상을 가져왔다. 이를 계기로 소수림왕은 '초문사'라는 사찰을 세워 순도를 머물게 했다. 391년 고국양왕은 백성에게 불교를 믿으라는 명령을 내렸다. 393년에는 평양에 절 9개를 만들었으며 불교는 고구려 국가 종교로 자리 잡았다.

백제

384년(침류왕 원년)에 중국 동진에서 온 승려 '마라난타'가 불교를 전했다. 침류왕은 마라난타를 궁에 머물게 했고, 극진히 대접했다. 그 다음 해 한산에 사찰을 세우고 백제 사람 10명을 출가시켜 승려로 삼았다. 백제가 불교를 공식적으로 인정했고, 이때부터 불교는 백제에 영향을 미치기 시작했다. 이후 백제는 미륵 신앙*과 불자가 지켜야 하는 규칙인 '계율'을 발전시키며 불교를 일본에 전파하는 등 동아시아 불교 발전에 크게 이바지했다.

신라

474년경 신라에 불교를 처음 전한 사람은 고구려인 '묵호자'였다**. 그러나 신라 귀족층은 불교에 반대했고, 공식적으로 인정하기까지 오랜 시간이 걸렸다. 527년(법흥왕 14년), '이차돈'이라는 관리가 목숨을 바쳐 불교 공인에 이바지했다. 법흥왕은 불교를 통해 중앙집권적 국가 체제를 강화했다. 이후 진흥왕은 553년 황룡사를 세워 왕권을 강화하고 백성을 화합하기 위한 주요 수단으로 불교를 활용했다. 초기 신라 불교는 복을 비는 '기복적 성격'을 띠었다.

---

*　석가모니의 제자 미륵이 성불하여 된 미륵불 또는 미륵보살을 믿는 불교 신앙이다.
**　고구려 승려 '아도'가 전했다는 설도 있다.

이차돈은 신라 514~540년(법흥왕 시대)에 불교가 공식적인 종교로 인정받는 데 결정적 역할을 했다. 당시 신라에서는 귀족들이 강하게 반대해 불교를 공인하지 못했다. 법흥왕은 나라를 안정시키기 위해 불교 공인을 추진했다. 527년, 법흥왕은 불교 공인을 위해 이차돈의 순교(자기가 믿는 신앙을 지키기 위하여 목숨을 바치는 일)를 계획했다. 이차돈은 자신을 희생해서 불교를 공인하려는 왕의 뜻에 따랐다. 그는 "부처가 있다면 내가 죽은 뒤 반드시 기적이 있을 것이다."라는 예언을 남기고 순교했다. 전설에 따르면, 이차돈이 처형당하자 목에서 흰 피가 흘렀고, 하늘에서 꽃비가 내렸다고 한다. 이를 본 백성들은 불교를 믿기 시작했고, 귀족들도 반대 의견을 굽혔다고 한다. 이후 법흥왕은 살생금지령을 내리고 불교 사찰인 흥륜사를 세웠다.

삼국 시대 승려

삼국 시대 초기에는 외국에서 온 승려가 주로 활동했다. 승려가 되려는 사람은 불교에 귀의하고 특정 의식을 통해 승려 생활을 시작했다. 고구려에서는 승려 담시가 불교 계율을 전하고 '수계*' 의식을 거행해 승려가 되는 길을 열었다.

승려는 설법, 경전 번역, 학문 연구, 사찰 건립 등 다양한 역할을 담

---

* 불교를 받드는 자들이 지켜야 하는 계율에 따를 것을 맹세하는 의식.

원효의 영정(한국민족문화대백과사전, 왼쪽)과 의상의 영정(오른쪽)

당했다. 주변국에 불교를 전파하거나, 왕실과 귀족들에게 조언하기도 했다. 고구려에서 승려는 불법을 연구하고 전파하는 중요한 인물로 대우받았다. 백제 승려들은 왕실의 후원을 받으며, 불교를 일본 등 주변국에 전파하는 역할을 했다. 예를 들어, '관륵'은 일본에서 승려를 감독하는 '승정' 직책에 올랐다. 신라에서는 왕실과 밀접한 관계를 맺으며 활동한 승려들이 많았다. '원효'와 '의상'같은 승려는 신라 불교의 전성기를 이끌며 학문적, 종교적 지도자로 자리 잡았다

해외 교류와 사회적 역할

삼국 시대 승려들은 중국이나 인도로 유학하기도 했다. 신라 선덕여왕 때 많은 승려가 중국과 인도로 유학을 떠났으며, 유학 후 귀국해 불교 사상을 발전시켰다. 백제 승려 '겸익'은 인도에 유학하여 계율을 배우고 돌아와 이를 백제 불교에 정착시켰다. 그는 산스크리트어 경전을 번역하며 백제 불교의 학문적 기틀을 마련했다. 중국 불교에 영향을 미친 승려도 있다. 고구려 승려 '승랑'은 중국에 건너가 '삼론학'을 체계화하였다. 그는 중국 남경 서하사 주지를 지내고, 중국 삼론종을 확립했다.

승려는 종교인뿐 아니라 정치·사회적 조언자로도 활동했다. 신라 승려 '원광'은 세속오계를 제시하여 화랑도의 사상적 기반을 마련했으며, '자장'은 황룡사 9층 목탑 건립을 건의하는 등 불교 발전을 이끌었다. 백제와 신라에서 활동한 승려는 불교를 통해 국가 이념과 사회적 윤리를 제시하고, 민중을 통합하는 중요한 역할을 했다.

국가적 통합을 위한 호국 불교

삼국 시대 불교는 종교를 넘어 넘어 정치적, 국가적 통합을 위한 중요한 역할을 하면서 '호국 불교'로 발전했다. 고구려는 왕권을 강화하고 중앙 집권 체제를 구축하기 위해 불교를 적극적으로 활용했다. 백제는 불교를 국민 통합과 외교 도구로 활용했다. 538년 백제 성왕은 일본에 불상과 경전을 전하였고, 이후 많은 백제 승려가 일본에 건너가 불교 문화를 전파하며 영향력을 키웠다. 미륵 신앙과 같은 불교 사상은 왕권과 결합해 통치 이념으로 작용했다. 특히 신라의 호국 불교는 체계적으로 발전했다. 진흥왕은 법흥왕이 527년부터 짓기 시작한 흥륜사를 544년에 완공하고, 553년에는 황룡사 창건을 시작하는 등 사찰을 건립해 호국 불교의 기반을 마련했다. 국왕과 지배층은 불교를 적극적으로 장려했고, 종교 의례는 국가 행사로 발전했다. 전쟁과 같은 국가적 위기 상황에서는 불교를 나라를 지키는 보호막으로 여겼으며, 왕실과 불교 교단이 긴밀히 연계해 호국 의식을 주관했다.

여성 승려

여성 승려, 비구니가 삼국 시대에 활동한 기록은 별로 남아 있지 않다. 하지만 백제와 신라에서는 비구니 제도가 만들어져 여성도 불교 수행과 교육에 참여했다. 비구니는 주로 사찰을 운영하거나, 백성에게 불교 교리를 전하는 역할을 맡았다. 지금까지도 이름이 전해지는 여성 승려는 백제 출신 비구니 '법명'이다. 법명은 일본으로 건너가 불교를 전파했다. 그녀는 불교 경전을 외워 일본 관리를 치료하는 등 불교뿐 아니라 의학에서도 두각을 나타냈다.

불교 교단과 사찰

삼국 시대 불교는 국가 주도로 교단(승단)을 만들었다. 고구려, 백제, 신라는 각각 사찰을 중심으로 불교를 확산시키며 승단을 정비했다. 고구려는 소수림왕 때 초문사와 이불란사를 건립하여 초기 불교 교단을 마련하였고, 백제는 577년 왕흥사, 600년경 미륵사와 같은 대규모 사찰을 건립하여 교단 활동 중심지로 삼았다. 신라는 흥륜사와 황룡사를 중심으로 승단을 조직화하고, 진흥왕 때 최초로 혜량을 '승통'에 임명했다. 승통은 국가가 설치한 최고 승려 행정직으로, 전체 승려들을 관리·감독했다. 불교 교단은 단순한 종교 조직을 넘어 사회와 국가를 통합하는 역할을 했다. 승려는 설법과 경전 강의를 통해 민중을 가르쳤다. 사찰은 교육과 복지의 중심이었다.

교단 주요 직위

교단 최고 책임자 승통은 불교 교단을 총괄하며, 승려를 관리하고 사찰 운영 및 교리 보급을 지도했다. 왕실의 종교 관련 자문을 맡았고 국가 종교 의식을 주관했다.

교단의 중간 관리자는 '승도'였다. 승도는 사찰 안에서 계율을 잘 지키는지 감독하고, 교단이 돌아가는 데 실제로 필요한 일들을 담당했다. '법두'는 교리와 수행을 담당했다. 승려에게 경전을 강의하고 교리를 전파했으며, 수행하는 방법을 가르쳤다.

공식적인 직위는 아니지만 명망 높은 승려에게는 특별한 이름을 붙였다. '국사' 또는 '국로'는 나라 차원에서 존경받는 승려에게 붙였다. 그 외에도 하는 역할에 따라 승려를 구분하기도 했다. 사찰을 운영하고 행정 업무를 담당하는 승려는 '사판승'이라 했다. 사판승은 사찰에 오가는 돈을 관리하고, 각종 행사를 책임졌다. 불교 경전을 연구하고, 수행을 통해 종교적 성취를 높이는 승려는 '이판승'이다. 이들은 사판승과 함께 사찰을 균형 있게 운영했다.

● 융성하는 불교

화엄 사상과 화쟁

삼국을 통일한 후 29대 태종 무열왕부터 36대 혜공왕 시기 신라는 통일 왕국을 확립하고 경제와 문화가 크게 발전했다. 불교는 학문적으로 깊이를 더했다. 의상 대사는 당나라에 유학해 화엄 사상을 공부하고 돌아왔다. 돌아와서는 부석사, 범어사 등 사찰을 세우고 많은 제자를 양성했다. 원효 대사는 화쟁 사상을 통해 불교를 대중에게 보급했다. 또한 많은 불교 승려는 화랑도와 연계해 젊은이들에게 불교의 가르침을 전했다.

교종과 선종

불교는 크게 '교종'과 '선종'으로 나뉜다. 교종은 불교 경전과 교리 연구를 중요하게 생각했다. 교종의 대표적인 교리로는 화엄 사상과 유식 사상 등이 있다. 신라 중대에는 교종이 국가의 중심으로서 왕실과 밀접한 관계를 유지했다. 화엄 사상을 중심으로 하는 승려들이 학문과 포교를 담당했다.

선종은 경전과 교리를 통한 이해보다는 참선과 수행을 통해 깨달음을 추구한다. 선종은 달마 대사가 470년 중국 남부에 전한 불교 사상이다. 달마를 중국 선종 시조로 본다. 선종은 문자나 언어에 의존하지 않고 직접적인 체험을 통한 깨달음을 추구(불립문자*)하고, 경전이나 교리 외에 스승에서 제자로 이어지는 특별한 전승(교외별전)을 중요시한다. 또한 모든 이가 본래 부처의 성품을 지니고 있어, 자기 마음을 직시하여 본성을 보면 깨달음을 얻어 부처가 될 수 있다(견성성불)고 한다.

「달마도」 김명국 作(국립중앙박물관)

* 不立文字, 불도는 말이나 글에 의지하여 깨닫는 것이 아니라는 뜻.

선종과 구산선문

37대 선덕왕부터 마지막 경순왕까지 신라는 왕권이 약해지고 정치적 혼란이 심해졌다. 왕실을 중심으로 발전한 교종 불교는 힘이 약해졌다. 이 시기 당나라로 건너가 '남종선*'을 배우고 귀국한 승려들은 신라에 선종을 도입했다. 승려 '도의'는 37년간 당나라에서 불도를 닦다 821년 귀국해 설악산에 '진전사'를 세우고 선종을 전파했다. 지방에서 힘을 키우던 호족들은 스스로의 힘을 키우기 위해 기존 체계를 벗어난 선종을 적극적으로 받아들였다. 함께 모여 수행해 깨달음을 얻는 수행 공동체를 선문(혹은 산문)이라고 한다. 선종이 들어오면서 각 지방에 선문이 세워졌다. 신라 말기부터 '가지산문(보림사)', '실상산문(지리산)', '동리산문(태안사)' 등 9개 주요 산문이 형성되었다. 이를 9개의 산에 세워진 선문이라고 하여 '구산선문'이라 부른다. 각 선문은 저마다 독특한 수행법과 교리를 발전시켰다. 지방마다 문화와 교육 중심지로 자리 잡고 후대 한국 불교 발전에 큰 영향을 미쳤다.

신라 말기 승려

신라 말기 승려들은 기존 왕실 중심으로 활동하던 교종에서 벗어나 선종을 기반으로 지역 호족들과 손을 잡고 독립적인 선문을 형성

---

* 선종은 수행 방법과 깨달음에 대한 관점에 따라 남종선과 북종선으로 나뉜다.

해 지방을 중심으로 불교 수행과 교육을 주도했다. 이들은 종교 지도
자뿐만 아니라 지방 사회를 안정시키는 역할도 했다. 승려들은 지방
호족과 협력하고 정치 사안에 대해 조언했다. 이들은 자신이 가진 종
교적 영향력을 활용하여 세속적 권력과 결합하고, 새로운 정치 세력
을 돕기도 했다.

발전하는 종교와 성직자

중세에는 여러 명이 아닌 상징적인 하나의 존재를 믿는 종교가 등장했다. 유대교에서 비롯된 기독교는 유럽에서, 이슬람교는 아시아 서남부 지역을 중심으로 부흥했다. 정치와 종교는 여전히 연결되어 있어 성직자는 강한 권력을 가지고 있었다. 성직자들이 세속의 이익을 추구하는 것에 대하여 비판하는 목소리가 높아졌고, 이는 종교 개혁의 계기가 되었다.

한편 중국과 우리나라를 비롯한 동아시아에서는 특정 신에 대한 믿음이라기보다는 세상의 질서를 탐구하고 올바른 도덕관념을 세우기 위해 수행하는 의미에서의 종교가 발전했다. 대표적인 교리는 유교, 불교, 도교였다. 그중에 불교와 유교가 차례대로 나라를 다스리는 이념으로 채택되어 영향력을 발휘했다.

중세 기독교와 유럽 성직자

중세 초기 상황

서로마 제국이 5세기에 멸망한 후, 로마 가톨릭교회는 유럽의 정치, 문화 중심지로 자리 잡았고, 고위 사제를 중심으로 권력을 키워 나갔다. 당시 유럽에는 현대적인 국가나 민족 개념은 거의 존재하지 않았다. 사람들 대부분은 봉건 영지에서 살면서 지역 영주에게 의존하여 생계를 이어갔다. 크고 작은 전쟁이 자주 일어났고 상업 활동은 줄어들었다. 사람들은 대부분 자신이 태어난 마을이나 영지를 평생 떠나지 못했다. 지역 간 이동도 거의 없었고 가까운 마을과 교류하는 일도 드물었다. 다만 종교 의식이나 지역 축제에서 가끔 다른 지역 사람들과 만날 수 있었는데, 이 과정에서 문화 교류가 일어났다.

기세를 펼치는 가톨릭

하나의 제국이 아니라 여러 왕국으로 분열된 중세 사회에서 로마 가톨릭 사제단은 중앙에 집중된 힘을 가지고 있었다. 우두머리인 교황과 그 아래의 주교, 사제들은 명성, 권력, 부, 그리고 존경을 얻었다. 특히 교회는 문자 해독과 교육을 거의 독점했기 때문에 유럽 사회를 유지하고 문화를 발전시키는 데 핵심 역할을 했다. 사제들은 서유럽 전역에 '교구'를 설립하고 적극적인 선교 활동으로 이교도를 기독교로 끌어들였다. 선교 활동은 다양한 방식으로 이루어졌다. 설득과 교육으로 평화롭게 기독교를 전파하는 성직자도 있었지만, 강압과 폭력을 동원하기도 했다. 서유럽 대부분을 차지한 프랑크 왕국의 샤를마뉴 대제는 기독교를 강제로 전파하며 개종을 거부한 사람들을 처형했다. 스칸디나비아인들과 독일인들은 동유럽 여러 민족에게 기독교를 강요했고, 이 과정에서 많은 희생자가 발생했다.

교구

교구는 주교가 담당하는 행정 구역이다. 대성당을 중심으로 여러 작은 교회들이 소속되었다. 교구 단위로 세금을 걷고, 재판을 열며, 교육과 자선 활동을 수행했다. 처음에는 도시를 중심으로 설립된 교구는 점차 농촌 지역으로 퍼져나갔다.

가톨릭 사제가 하는 일

교회는 '야만인'으로 불리던 사람들을 '문명화'하는 데 중요한 역할을 했다. 교구 사제는 지역 사회 중심인물로 다양한 의무를 수행했다. 그들은 신도들이 하는 고백을 듣고 참회를 받아들이며 교회의 이름으로 죄를 없애 주었다. 교구 사제의 일은 그뿐만이 아니었다. 교회 의식과 찬송을 주관하였고 교구 학교에서 교사로 활동했다. 지

신도의 참회를 들어주는 교구 사제

역 사회에서는 치료사와 상담자 역할도 맡았다. 특히 문서 작성과 법률 자문도 담당해 지역 사회 행정을 도왔다. 교회 건물과 묘지 관리는 전문 평신도들이 맡았다. 종지기carillonneur는 교회 의식에 따라 종을 치는 역할을 맡았다. 관리인verger은 교회를 청소하고 관리했으며, 묘지기sexton는 무덤을 파고 묘지를 돌보았다. 사제가 이들을 감독했다.

대학으로 발전한 교구 학교

더 큰 교구나 대성당에서는 여러 역할을 전문적으로 분담했다. 주교가 관리하는 여러 사제가 특정 임무를 맡았다. 일부 사제는 대성당 문법 학교에서 기도와 찬송을 가르쳤다. 이들로부터 배운 학생과 신도들은 중요한 후원자들 앞에서 기도를 암송하고 노래를 불렀다. 후원자들은 이를 통해 하느님으로부터 은총을 받는다고 여겼다. 대성당 학교는 점차 대학으로 발전했다. 이곳에서 사제들은 라틴어, 연설, 토론, 그리고 신학 같은 학문적 주제를 가르쳤다. 교회와 후원자들이 대학들을 설립하고 지원했다. 사제가 되기 위한 교육 수준과 자격 요건은 시대마다 달랐는데, 대학이 늘어나면서 점차 더 높은 교육 수준이 요구됐다.

강력한 정치 세력으로 성장

가톨릭 사제단은 정치, 사회, 경제 모든 영역에 영향을 미쳤다. 사제단은 유럽에서 강력한 정치 세력이었다. 신성 로마 제국 황제가 되려면 교황이 주관하는 즉위식을 통해 권위를 인정받아야 했다. 교황과 황제의 관계는 교회와 세속 권력이 긴밀하게 연결되어 있음을 보여주었다. 때로 어떤 황제는 교황과 갈등을 빚어 즉위식 없이 통치자가 되기도 했다. 교회는 제국 내 많은 영토를 관리했다. 교황은 이탈리아 중부 교회령을 다스렸고, 대주교는 일부 지역의 영지를 통치했다. 이들은 영주처럼 세금을 걷고 재판을 열 수 있었다.

사제가 가진 정치권력은 여러 곳에서 나왔다. 그들은 특별한 기도와 축복으로 왕과 귀족 같은 세속 권력을 보호했다. 중세의 사제는 고대의 마술사나 점성가처럼 저주를 내리거나 예언을 하는 사람으로 여겨지지는 않았다. 대신 사제는 신과 인간 사이를 중재하는 존재였다. 사람들은 사제가 통치자나 백성을 대신해 신과 소통하여 유리한 결과를 끌어낼 수 있다고 믿었다. 이러한 종교적 권위가 사제단의 정치적 영향력의 원천이었다.

미사와 신성한 질서

사제들이 가장 효과적으로 사용한 도구는 '미사Missa'였다. 미사는 가톨릭에서 하느님을 찬양하는 대표적인 종교 의식이다. 미사는 단순한 종교 의식이 아니라, 통치자와 백성 모두에게 교회와 세속 질서가 긴밀히 연결되어 있음을 보여주는 수단이었다. 12~13세기에 구체적으로 만

15세기 그림에 나타난 미사 장면

들어진 '존재의 위대한 사슬' 개념은 이러한 질서를 뒷받침했다. 이 개념에 따르면 모든 존재는 신의 지혜로 사슬처럼 연결되어 있다. 천사, 사제, 귀족, 평민 등은 각각 정해진 위치가 있고, 이 위치는 신이 결정한 것이므로 인간이 바꿀 수 없다고 여겼다. 경제적 지위를 높이려 하거나, 정치 권력을 추구하거나, 사회적 신분을 바꾸려는 시도는 신이 정한 질서를 어지럽히는 것으로 간주했다. 교회는 이런 행위를 한 사람들을 교회에서 내쫓는 '파문'을 행했다. 파문된 사람은 미사와 성사에 참여할 수 없었다. 파문은 개인을 사회에서 고립시키고, 심각한 피해를 받도록 하는 중대한 처벌이었다.

인기 있는 사제직

가톨릭교회는 중세 서구 세계에서 중요한 권력 기관이었다. 사제들은 종교 지도자일 뿐 아니라 외교관이자 정부 관리로도 활동했다. 교황은 11세기부터 13세기까지 십자군 전쟁을 이끌었다. 서구 전역에서 모인 기독교 군대는 성지를 되찾기 위해 이슬람과 싸웠다. 십자군 전쟁은 실패했지만, 이 과정에서 교회의 조직력과 영향력이 드러났다. 중세 전반에 걸쳐 성직자는 귀족 사회에서 매우 중요한 직업이었다. 사제직은 유럽의 권력층과 밀접하게 연결되어 있었다. 귀족 가문의 차남이나 삼남은 흔히 성직자가 되어 권위 있는 직책을 얻었다. 능력을 발휘한 사제는 대주교나 추기경 같은 고위 성직자가 되어 세속 정치에서도 중요한 역할을 맡았다. 대주교는 신성 로마 제국 내 여러 공국을 통치했다. 특히 독일의 쾰른, 마인츠, 트리어의 대주교는 황제 선출권도 가졌다.

여성은 사제가 될 수 없었지만, 수녀원에서 중요한 역할을 했다. 귀족 출신 수녀들은 수녀원장이 되어 큰 영향력을 행사했고, 교육과 자선 사업을 통해 사회에 이바지했다.

돈벌이 수단이 된 사제직

사제는 중세 시대에 명예로운 경력을 쌓을 수 있는 안정적이고 유망한 직업이었다. 특히 귀족은 교회에서 높은 직위를 얻기 쉬웠다. 사제직은 안정적인 수입과 승진 기회를 제공했다. 교구 사제는 교회세와 헌금으로 생활했고, 고위 성직자는 교회 소유 영지에서 나오는 수입으로 풍족한 생활을 했다.

14세기부터 16세기까지 일부 사제들은 권한과 직위를 남용하며 부를 축적했다. 특히 죄를 면해준다는 '면벌부' 판매가 문제가 됐다. 교회는 면벌부를 사면 지은 죄를 줄이거나 면제받을 수 있다고 주장했다. 이는 사제가 중재해 신의 은총을 얻을 수 있다는 교리에 바탕을 둔 것이었다. 그러나 실제로는 교회의 수입을 늘리는 수단이 되었다.

타락한 교회를 개혁하려는 움직임

교회는 겉으로는 검소하고 소박한 삶을 칭송하면서도 뒤에서는 많은 재산을 모았다. 대중들은 이런 교회의 행태를 비난하기 시작했다. 11세기 중반 이탈리아 밀라노에서는 '파타리아' 운동이 일어났다. 이는 도시 하층민, 수공업자, 상인들이 주도한 개혁 운동이었다. 이들은 귀족 가문이 장악한 밀라노 교회가 벌이는 성직자 결혼, 성직 매매, 사치스러운 생활과 도덕적 타락에 반대했다. 파타리아 운동은 1057년부터 1075년까지 진행되었으며, 교황 그레고리오 7세의 개혁으로 연결되었다. 1075년 그레고리오 교황은 성직 매매와 사제 결혼을 금지시켰다. 이는 중세 도시 평민들의 종교, 사회의식이 성장하는 계기가 되었다.

1143년 로마에서는 '아르놀트 다 브레시아'가 이끄는 개혁 운동이 일어났다. 이 운동은 교회의 세속화를 비판하고 검소함을 요구했다. 하지만 교황청은 이들을 군사력으로 진압했으며, 결국 아르놀트는 1155년 이단으로 몰려 목숨을 잃었다.

이탈리아 브레시아에 있는 아르놀트 기념비
ⓒWolfgang Moroder

가난한 시골 교구 사제

그러나 사제가 모두 부유하지는 않았다. 흔히 '신부'라고 불렸던 시골 교구 사제들은 가난한 경우가 많았다. 교구 사제는 교구 신도가 생산한 물건 중 1/10을 바치는 '십일조'와 세례, 혼례, 장례 등 종교 의식을 집행할 때 받는 '성사 비용'이 주 수입이었다. 그러나 시골 교구는 교구민들이 가난해 십일조를 제대로 내지 못하거나 교회에서 성사 비용을 받지 않는 경우가 많았다. 도시 교구에 비해 미사에서 내는 '헌금'이나 기부 등 추가 수입을 얻을 기회도 적어 생활이 어려웠다. 또한 시골 교구 사제는 대개 기초적인 라틴어 교육만을 받은 사람들이었다. 하지만 교구 사제가 가진 영향력은 깊고 광범위했다.

가톨릭 사제들

가톨릭 사제들은 주로 예배에서 의식을 집행했다. 때로는 그 지역 언어로 짧게 설교하기도 했지만 성경을 읽어주고 해석하는 봉독은 항상 라틴어로 진행했다. 라틴어는 사제직을 더욱 신비롭게 보이게 했고 의식을 엄숙하게 만들었다. 사제들은 성인 조각상과 성물들로 둘러싸인 채 위엄 있는 태도를 유지했다. 독신 생활은 순결함을 상징했고, 사제 서품식을 통해 그들은 하느님의 거룩한 일을 하는 대리자가 되었다. 오랜 세월 동안 많은 가톨릭 신앙은 사제를 인간과 하느님 사이를 연결하는 존재로 존경해 왔다. 당시 사람들은 교회가 강조한 악마와 하느님의 진노를 두려워하며 살았다. 이런 환경에서 사제는 고난과 시련에도 신성한 목적이 있다고 가르쳤고, 대중은 이를 통해 위안과 안정감을 얻었다.

이슬람의 탄생과
이슬람 성직자

아시아에 세력을 확장한 이슬람

기독교가 서구 세계에서 확고히 자리 잡은 후, 아시아 서남부 지역인 아라비아반도에 이슬람이 등장했다. 이슬람교는 예언자 무함마드(570?~632)가 창시한 종교로, 유일신 '알라'를 믿는 종교이다. 무함마드는 이슬람 공동체를 조직하고 아라비아반도 전체에 세력을 넓혔다. 무함마드를 이은 후계자들은 페르시아를 정복하고 이집트 북부와 북아프리카, 유럽의 이베리아반도에 걸친 대제국을 건설했다. 이슬람 제국이 다스리는 지역은 고대 그리스, 로마, 이집트, 페르시아 등 풍부한 학문과 문화유산을 가지고 있어, 이를 바탕으로 이슬람 문화와 학문이 크게 발전했다.

후계자를 둘러싼 갈등

　이슬람 공동체는 밖으로는 전쟁을 통해 영토를 확장하고, 안으로는 종교적 가르침과 규칙을 엄격히 따랐다. 이들은 신앙을 전파하며 공동체를 유지하기 위해 강한 조직력과 규율을 갖췄다. 632년 무함마드가 사망한 후, 후계자인 '칼리프'가 종교적, 정치적 권한을 이어받았다. 후계자를 정하는 과정에서 이슬람 내부에 갈등이 생겼다. 무함마드 혈통에서 후계자가 나와야 한다는 '시아파'와 공동체에서 합의해 후계자를 정해야 한다는 '수니파'로 나뉘었다. 두 집단 사이 갈등은 시간이 흐르면서 더욱 커졌고, 현재까지 이어졌다.

현재 시아파와 수니파의 갈등

사우디아라비아를 대표로 대부분의 중동 지역 국가, 인도네시아, 말레이시아 등 아시아 국가들이 수니파이다. 수니파는 전체 이슬람의 85%에 달한다. 시아파 국가는 이란을 중심으로 이라크, 시리아, 레바논 등이 있다. 이 국가들을 '시아파 벨트'라고 한다. 수니파 국가들과 시아파 국가들 사이에 갈등은 오늘날에도 계속된다. ISIS 등 수니파 테러 단체는 시아파를 공격 목표로 삼는다. 시리아, 예멘 등지에서는 수니파와 시아파가 벌인 내전으로 사망자와 난민이 발생하고 있다. 최근에는 시리아의 시아파 정권이 몰락하고, 레바논의 시아파 무장 단체 '헤즈볼라'가 약화하는 등 시아파 세력이 흔들리고 있다.

이슬람 종교 지도자

칼리프는 무함마드가 죽은 뒤 만들어진 자리다. 아랍어로 '계승자'라는 뜻이다. 칼리프는 정치 지도자이자 이슬람 신앙의 수호자였다. 예언자처럼 계시를 받지는 않았다. 대신 이슬람 율법 '샤리아'를 해석하고 적용했다. 초기(632~661년) 정통 칼리프들은 정치와 종교를 모두 다스렸다. 하지만 '우마이야 왕조(661~750년)' 이후 그 권한이 점차 줄어들었다. 이슬람에서 정치와 종교는 밀접하게 연관되어 있었다.

종교 관련한 일을 하는 사람

이슬람에는 기독교나 힌두교 성직자와 같은 전문 집단이나 계층은 없었다. 다만 예배와 율법에 관한 일을 맡은 사람들이 있었다. '무에진'은 신도들에게 하루 다섯 번 예배를 알리는 역할을 맡은 사람으로, 전통적으로 아름다운 목소리로 기도 시간을 알렸다. '울라마'는 사람들에게 이슬람 율법을 가르치는 학자들로 종교적 조언자 역할을 했다. 하지만 전문적인 성직자로 활동하거나 예배를 인도하는 직책을 맡지는 않았다. 예배를 이끄는 역할은 주로 '이맘'이 담당했다. 이맘은 이슬람 사원인 모스크에서 신도들을 인도하고 기도와 의식을 주관했다. 이맘은 공식적인 성직자는 아니고 평신도 지도자에 가까웠다. 금요일 설교(쿠트바)는 종종 '카팁'이 맡았는데, 카팁 역시 임명된 성직자나 성직자가 아니라 신도 중에서 선출된 지도자였다. 이처럼 이슬람 안에서 역할을 맡은 사람들은 계층을 형성하지 않고 평신도 지도자로서 공동체를 돕는 역할을 했다.

신비주의 수행자들

'수피'는 이슬람의 신비주의자들이다. 9세기부터 본격적으로 나타 났다. 수피는 내면의 영적 깨달음을 추구했다. 이들의 목표는 알라 와 직접 만나는 것이었다. '데르비시'는 수피 교단에 속한 수행자들 이며 '가난한 자'라는 뜻이다. 초월 체험을 통해 영적 상태를 높여 신 과 하나가 되려 했다. 신을 찬미하며 춤추는 '회전하는 데르비시'가 가장 유명하다. 울라마들이 법률과 형식에만 집중하자, 많은 사람이 수피를 찾았다. 수피들은 시와 음악, 춤으로 자신들의 가르침을 전 했다. 수피는 '타리카'라는 집단을 만들었다. 여기서 제자들은 수피 스승을 따라 수행 했다. 하지만 수피 는 공식 성직자는 아니었다.

회전하는 데르비시 공연

종교 개혁과 서구 종교의 변화

가톨릭교회를 비판하는 성직자

16세기에 새로운 기독교 성직자 제도가 등장했다. '마르틴 루터'를 비롯한 종교 개혁자들은 어떤 인간도 신의 사자나 대변자가 될 수 없다고 주장했다. 그들은 사제들이 가진 고해성사 권한을 부정했고, 성직자 독신제에도 반대했다. 이들은 창세기의 말씀을 근거로 결혼은 하느님이 내린 명령이며, 오히려 독신이 부자연스럽다고 주장했다. 개혁자들은 특히 교회의 성스러운 일을 상품으로 만든 면벌부 판매를 강하게 비판했

독일의 종교 개혁가 마르틴 루터

다. 당시 가톨릭교회는 면벌부를 사면 죄를 용서 받을 수 있다고 선전했다. 면벌부 판매는 종교 개혁을 촉발하는 결정적인 계기가 되었다. 개혁자들은 교회와 성직자들이 종교적 사명보다 세속의 권력과 부를 추구한다고 비판했다. 이러한 개혁 운동은 격렬한 갈등과 전쟁으로 이어졌다. 결국 가톨릭교회와 분리된 여러 '개신교' 교파가 탄생했다.

개신교 성직자

개신교교회 성직자는 '목사', 또는 '목회자'라고 부른다. 개신교 목사는 교회 공동체 지도자이자 교사였다. 개신교는 모든 신자가 하나님과 직접 만날 수 있다는 '만인 사제직'을 주장하며, 신과 인간을 중개하는 사제직을 부정했다. 목사가 해야 하는 주된 임무는 설교와 성경 교육, 예배 인도, 신도 상담 등이었다.

가톨릭 사제와 달리 목사는 결혼할 수 있었다. 개신교교회는 가톨릭에 비해 평등한 구조였고, 교회나 교단은 여러 문제를 스스로 결정했다. 개신교교회에서는 미사와 같은 의식을 줄였고, 성인 숭배와 성상 사용은 없어졌다. 예배당 역시 화려한 장식을 없애고 단순하게 만들었다. 특히 칼뱅파와 같은 교파는 가정 예배를 강조하며, 예배가 일상생활에 스며들도록 했다. 목사들은 지역 사회에서 영적 지도자로 활동하며, 청빈하고 검소한 삶을 원칙으로 내세웠다. 그러나 루터교를 국교로 믿는 독일의 여러 공국이나 영국 국교회처럼, 일부 목사들이 상당한 사회적 권력과 부를 얻기도 했다.

신의 뜻에 따라

초기 개신교 목사들은 설교를 통해 큰 영향을 미쳤다. 그들은 라틴어 대신 대중이 이해할 수 있는 그 나라의 말로 설교했고, 성경도 그 나라의 언어로 번역했다. 이는 '모든 신자가 직접 하나님의 말씀을 이해할 수 있어야 한다'는 종교 개혁의 핵심 원칙을 따른 것이었다.

초기 개신교 지도자 '장 칼뱅'은 삶의 전반을 신의 뜻에 따라 철저히 규제하고 통제해야 한다고 주장했다. 그는 스위스 제네바에서 종교 지도자로 대중에게 영향을 미쳤다. 칼뱅은 '교회 법령'으로 제네바 시민들을 엄하게 규제했다. 사치품 사용, 춤과 노래, 도박 등을 제한했고, 예배에는 반드시 참석해야 했다. 교회 법령을 어기면 종교 재판소에서 처벌했다.

미국 청교도

청교도들은 16~17세기 영국에서 철저한 종교 개혁을 추구한 신앙 운동가들이었다. 당시 아메리카 대륙에 새로운 식민지를 개척할 때 청교도들도 아메리카 식민지에 기독교 공동체를 세우려 했다. 그들은 신앙의 순수성을 회복하고, 성경에 따라 살아가는 공동체를 만들고자 했다.

1630년대, 청교도들은 영국을 떠나 미국 매사추세츠로 이주하여 새로운 정착지를 건설했다. 청교도 지도자들은 이 이주를 성경 속 이스라엘 백성이 이집트에서 탈출한 출애굽에 비유했다. 특히 지도자 '존 윈스롭'은 매사추세츠를 '언덕 위의 도시*'로 만들어 모든 기독교 공동체에 모범이 되려고 했다. 이 도시는 모세 율법과 기독교 원칙에 따라 설립되었으며, 교회가 주도하는 정부야말로 대중을 올바른 신앙의 길로 가게 한다고 믿었다. 청교도들은 이 정착지를 신성하게 여겼다. 이 도시에 새로운 영국을 만들고, 본토의 영국도 이를 본받기를 바랐다.

청교도 사회는 매우 엄격한 규율로 운영되었다. 시민권은 교회 구성원에게만 주어졌고, 주일 예배에 의무로 참석해야 했다. 도박, 사치스러운 옷차림, 연극 관람 등은 금지되었다. 이들은 다른 종교를 용납하지 않았다. 퀘이커 교도와 같은 다른 종파 신자는 추방되거나, 심하면 처형당하기도 했다.

자본주의 발전을 돕다

개신교교회들은 새로운 사회 질서를 만드는 데 큰 영향을 미쳤다. 시간이 갈수록 종교적 열정은 점점 약해졌지만 개신교교회와 목사들

---

* 예수의 설교에서 등장한 말로, 이상적인 세계를 의미한다.

이 발휘하는 영향력은 매우 컸다. 특히 이들은 자본주의가 발전하는 데 중요한 역할을 했다. 개신교, 특히 칼뱅을 따르는 칼뱅파는 독특한 직업윤리를 강조했다. 이들은 하나님의 은총으로 구원이 미리 정해져 있다는 '예정설 Predestination'을 믿었다. 사람들은 자신이 구원받은 자임을 확신하고 싶어 했다. 이를 증명하기 위해 직업에서 성공을 거두려 노력했고, 검소한 생활과 부지런한 노동을 중요하게 생각했다. 개신교 신자들은 모든 정직한 직업을 신성하다고 여겼다. 성직자나 수도자뿐만 아니라 평범한 사람이 매일 하는 노동도 거룩한 소명이라 믿었다. 이러한 신념은 근면과 절제를 중요하게 생각하는 직업윤리를 형성했다. 이는 근대 자본주의 정신이 발전하는 중요한 기반이 되었다.

교육과 설교를 통한 변화

16세기부터 19세기까지 유럽에서는 상공업에 기반한 새로운 중산층이 점차 성장했다. 이들은 전통적인 귀족과 달리 자본주의 경제 활동을 통해 부와 영향력을 얻었다. 중산층이 성장하면서 절대 왕정을 대신해 의회를 중심으로 하는 정치 체제가 등장했다.

개신교 목사들은 교육자와 설교자로서 대중의 삶에 영향을 미쳤다. 그들은 사회 안정을 강조하며 기존 사회 질서를 유지하려 했다. 동시에 학문과 과학을 적극적으로 받아들였다. 개신교는 대중이 성경을 직접 읽고 이해할 수 있도록 독려하고 교육했다. 이들은 학교를 세우고, 더 많은 사람이 읽고 쓰는 법을 배우도록 가르쳤다. 초기에는 성경 읽기를 목표로 했지만, 이러한 교육은 점차 다른 영역으로 확대되었다.

목사 역할

개신교 목사들은 지역 사회의 지도자 역할을 맡았지만, 산업 혁명 시기에 그들의 입지는 좁아졌다. 목사들은 가톨릭 사제처럼 중앙에 집중된 권한을 가지지 못했다. 개신교교회는 다양한 교파로 나뉘어 있었다. 각 교회는 자급자족하고, 자율적으로 운영되었다.

북아메리카 지역에는 목사가 많지 않았다. 이들은 한 마을에서 예배를 인도한 다음에 다른 마을로 이동했다. 일부 목사들은 부족한 수입을 보충하기 위해 교사, 가정교사, 장의사 등 일을 겸했다. 목사는 종을 울리고, 교회 건물을 관리하며, 평신도 자원봉사자들과 함께 교회 학교를 운영했다.

왕조 시대 중국 불교와 승려

송, 원대 불교와 승려

중국 불교 교단은 송나라 때 안정된 체계를 갖추었다. 종파마다 교리에 관한 논의를 활발하게 벌였다. 사찰은 농업과 상업을 통해 경제적으로 자립했고, 승려는 사회적으로 존경받았다. 일반 백성은 불교를 긍정적으로 받아들였다.

몽골이 세운 원나라는 황실 공식 종교로 티베트 불교를 채택했다. 원나라에서는 중국 불교와 티베트 불교가 융합되어 발전했다. 티베트 불교 승려들은 황실 후원을 받아 사회적, 정치적으로 높은 지위를 누렸다. 티베트 불교는 황실을 중심으로, 백성보다는 귀족과 밀접하게 관계를 맺으며 번창했다. 사찰도 황실의 지원을 받아 경제적으로 풍족해지면서 자립할 능력이 줄어들었다. 티베트 승려는 '제사'와 같은 직위를 받아 정치 고문과 종교 지도자로 활동했다.

불교 제도를 정비한 명나라

명나라를 세운 '주원장'은 승려 출신이었다. 가난한 농민으로 태어나 십대에 가족을 잃고 '황각사'라는 절에 들어가 승려가 되었다. 음식을 구걸하는 '탁발승'으로 여기저기를 떠돌다가 원나라에 항거하는 농민 반란군에 들어갔다. 그는 반란 세력을 이끌어 명나라를 세우고 원나라를 쫓아내고 황제(홍무제)가 되었다.

홍무제는 불교에 대한 이해가 깊었다. 황제가 된 후에는 원나라 때 티베트 불교가 가졌던 특권을 없애고 불교를 엄격하게 통제했다. '승록사僧錄司'라는 중앙 행정 기구를 만들어 전국 불교 사찰과 승려를 관리했다. 지방 사찰은 승록사 아래 '승정사僧正司'를 두어 관리했다. 중요한 사찰의 주지는 승록사에서 임명했다.

홍무제 주원장이 취한 불교 정책은 여러 목적이 있었다. 원나라 때 티베트 불교가 가졌던 정치적 영향력을 줄이고, 사찰이 너무 부유해지지 못하게 제한하며, 승려 자격을 엄격히 관리하고자 했다. 승려가 불법으로 활동하거나 질서를 흩트리지 않고 계율을 준수하도록 했다. 또한 승려에게 국가 통치 이념인 유교적 가치와 조화를 이루도록 권했다. 이 제도로 불교가 체계화되고 대중화되었다.

명나라 후기로 갈수록 나라에서 불교를 통제하는 힘이 약해졌다.

불교는 민간을 중심으로 더욱 뿌리를 내렸고, 선종과 정토종 같은 대중 친화적 종파가 부흥하는 계기가 되었다. 사찰과 승려도 어느 정도 자율성을 회복했다. 또한 승려는 교육, 문화 예술, 학문 분야 등 사회적 활동에도 활발히 참여했다.

청나라와 불교 쇠퇴

명나라 뒤를 이은 청나라는 만주족이 세운 나라였다. 한족이 중심이었던 명나라의 남은 세력은 꾸준히 청나라에 반대하고 명나라를 다시 세우려 했다(반청복명). 불교계에 이 세력이 많았고 일부 사찰과 승려는 반청복명에 직접 관여했다. 때문에 청나라는 불교를 강하게 통제할 수밖에 없었다. 승려와 사찰 수를 줄이고 도첩 제도를 엄격하게 시행했다. 그래도 많은 승려가 교육과 문화 활동을 이어갔다. 특히 한족 승려들은 지역 사회에서 중요한 역할을 했다. 일부 승려는 황실 지원을 받으며 정치적 영향력을 행사하기도 했다.

청나라 후기로 갈수록 황실은 불교에 관심을 가지지 않았다. 후원도 줄어들고 통제도 사라졌다. 일부 사찰은 종교적 의무를 소홀히 하고 경제 이익에만 몰두했다. 승려 역시 수행을 게을리하고, 계율을 엄격히 지키지 않는 경우가 늘어났다. 불교 경전과 학문 연구도 줄어들었다.

새로운 종교가 유입

청나라 말기에는 농민 반란이 일어나고 서구 열강의 침입을 받아 사회적 혼란이 커졌다. 서양의 기독교와 근대 과학이 들어오면서 전통 가치도 변화하기 시작했다. 기독교는 주로 해안 근처 도시를 중심으로 전파되었으며, 교육, 의료, 복지 활동을 통해 영향력을 확대해 갔다. 농촌 지역에서는 여전히 불교를 믿었다. 다만 급격한 사회 변화 속에서 불교계는 새로운 사회 흐름에 적절히 대응하지 못했고, 전반적인 영향력이 쇠퇴했다.

고려와 조선 시대 종교

● 불교가 융성한 고려

고려 건국

8세기 말부터 신라는 혼란에 빠졌다. 귀족들은 반란을 일으켜 왕위에 오르려 했고, 나라 체계가 흔들리며 중앙 정부는 힘을 잃었다. 각 지방에서 호족들이 자기 세력을 키워갔다. 이들은 새로 도입된 불교 종파 '선종'을 지지하면서 기반을 다졌다.

9세기 후반이 되면서 혼란은 더해졌다. 가혹한 세금에 불만을 품은 농민들이 나라 곳곳에서 반란을 일으켰다. 신라 왕실이 지배하는 영역은 수도인 경주 근처로 줄어들었고, 다른 영토는 대부분 호족 손에 들어갔다. 세력이 강해진 호족은 나라를 세우고 왕이 되었다. 900년

견훤이 후백제를 건국하고, 901년 궁예는 후고구려를 건국했다. 이 시기를 후삼국 시대라 한다. 918년 왕건이 궁예를 몰아내고 나라 이름을 '고려'라 정했다. 935년 신라 마지막 왕인 경순왕이 왕건에게 항복했다. 고려는 936년 후백제를 정벌하고 통일을 이루었다.

불교를 보호하고 장려하다

불교는 신분과 지역을 초월하여 화합한다는 특징이 있다. 기근, 전쟁 등 나라가 어지러울 때마다 불교는 백성을 안정시키고 통합하는 역할을 했다. 특히 지방 호족 세력의 연합으로 탄생한 고려는 다양한 지역과 계층을 포섭하기 위해 불교의 힘을 빌렸다. 또한 불교는 단순한 종교를 넘어 왕의 권위를 세워주는 역할도 했다. 웅장한 불교 의례는 왕을 신성한 존재로 보이게 했다. 게다가 불교는 신라 말기부터 귀족 사회와 밀접한 관계를 맺어왔다. 새로운 정치 세력은 불교를 통해 귀족 계층과 연대해 권력을 강화할 수 있었다. 이런 여러 이유로 태조 왕건은 불교를 나라의 중심 이념으로 삼았고, 적극 보호하고 장려했다.

승과 제도의 시행

고려는 승려를 체계적으로 선발하고, 불교 교단을 국가에서 통제하기 위해 958년 '승과'를 도입했다. 승과는 승려를 뽑는 과거 시험이다. 처음에는 체계화된 절차가 부족했지만, 1084년 예비시험과 본시험을 구분했다. 예비시험에서는 불교 경전에 대한 이해, 불교 교리 해석 능력 등을 평가해 승려가 될 자격과 기초 학문 수준을 검증했다. 예비시험은 주로 지방 사찰에서 시행했다.

본시험에서는 경전 암송, 교리 논쟁, 논문 제출 등 학문 역량과 실천력을 평가했다. 본시험은 왕실이 지정한 사찰에서 치렀고, 중앙 정부에서 감독했다. 12세기가 되면 천태종, 조계종 등 각 불교 교단에서 교단별로 시험을 치렀는데 이를 '종선'이라 한다. 종선은 종파별로 특별한 교리와 수행 내용을 시험했다. 종선 합격자도 승과 합격자와 같은 대접을 받았다.

합격자가 받는 승계

승과, 혹은 종선에 합격한 승려는 공식적으로 지위에 오를 수 있다. 이를 '승계'라고 불렀다. 승려 지위는 '대덕', '대사', '중대사', '삼중대사' 순으로 구분되었다. 막 시험을 통과한 승려는 보통 '대덕' 지위를 받았다. 이후 학문적 성취와 종교적 공헌에 따라 그 위 단계인 대사, 중대사 등으로 승진했다. 대사는 교단 내에서 중요한 위치를 차지하는 승려였고, 국가가 인정한 최고위 불교 지도자는 '삼중대사'가 되었다. 국가는 공식 임명장인 '승비'를 발급했다. 승비는 지위를 인증하는 공식 문서로, 관리 임명장과 같은 역할을 했다.

국가와 교단에서 담당한 승직

승계를 부여받은 승려는 불교 교단과 국가의 공식 직책인 '승직'을 맡았다. 승직은 크게 사찰 내 직책과 국가 차원의 직책으로 나뉘었다. 사찰에서는 전체 업무를 총괄하는 '주지', 사찰 재정을 관리하는 '도감', 사찰을 운영할 때 실제로 필요한 일을 담당하는 '도유나' 등 다양한 직책이 있었다. 국가 차원에서는 왕의 불교 정책 자문을 맡는 '국사', 왕의 개인 스승이자 정치적, 종교적 조언자 역할을 하는 '왕사', 선종을 대표하는 '대선사' 등이 있었다. 각 종파에는 특수한 승직도 있었다. 선종에서는 수행을 지도하는 '선사', 교종에서는 교학을 가르치는 '강사' 등이 대표적이다. 승계와 승직은 고려 불교 체제를 이루는 근간이었다. 이 제도는 승려의 자격과 지위를 공식적으로 인정하는 동시에, 국가 통치 체계와 불교 교단을 결합하는 역할을 했다.

승록사

'승록사'는 불교 행정을 책임지는 국가 기관이었다. 승려 자격 심사와 등록, 계율 준수 감독, 전국 사찰 재산과 노비 관리, 사찰 건립과 보수 관련 업무, 사찰 간 분쟁 조정, 승과 시험 주관, 승려 교육, 승관 임명과 관리 등이 주요 업무였다. 제일 높은 자리는 '도승통'이었다. 고려 후기로 갈수록 승록사는 힘이 세졌다. 특히 원나라와 외교에서도 중요한 역할을 했다.

의천과 천태종

고려의 위대한 승려 중에서 '천태종'이라는 불교 종파를 고려에 새운 '대각국사 의천'이 있다. 의천은 고려 문종의 넷째 아들로 승려가 되었다. 그는 송나라로 유학 가서 천태종 교리를 배우고 돌아왔다. 1097년 천태종 창립 당시 고려의 왕 숙종은 의천의 친형이었다. 1101년에는 천태종의 승려 선발을 위한 '종선'을 시행했다. 의천은 교종과 선종을 통합하려 했다. 교종이 중시하는 경전과 교리를 중심으로 선종에서 추구하는 수행을 조화시키려 했다(교관겸수). 왕실은 천태종을 강력히 후원하고 불교를 사회적, 정치적 통합 수단으로 활용하고자 했다. 천태종 승려는 사찰 운영, 국가 정책 자문, 교육 등 다양한 분야에서 활약했다. 주요 사찰의 주지로 임명되거나 국사로 등용되기도 했다.

조계종 창립

천태종이 교종을 중심으로 교종과 선종을 통합했다면 조계종은 선종을 중심으로 통합한 종파이다. 선종을 계승한 승려들은 신라 말기 구산선문에서부터 전해진 수행 전통을 유지하려 했다. 이를 위해 수행 중심 중단인 '조계종'으로 새롭게 탄생했다. 조계종 역시 천태종과 비슷한 시기에 독자적인 종선을 시행하고, 국가에 공인을 받았다. 조계종은 선종 전통에 따라 수행 중심으로 승려를 양성했기 때문에 종선에서도 수행 경험과 '좌선', '선문답' 등 선종 고유 수행이 중요한 기준으로 작용했다. 학문적 성과보다는 수행을 얼마나 깊게 했는지를 강조했다. 조계종 승려는 정신적 깨달음을 추구하며, 제자를 양성하고 수행 지도에 힘을 쏟았다. 국가로부터 독립적인 교단 체계를 유지하며, 수행을 중심으로 한 소규모 공동체에서 활동했다. 조계종은 선종 전통을 이은 독립 종파로 발전했고, 천태종이 추진하는 교리 통합 움직임 속에서도 수행 중심 종파로 자리 잡았다.

스승과 제자

불교에서는 스승과 제자 관계를 매우 중요하게 여겼다. 스승은 제자의 수행과 깨달음을 인도하는 영적 지도자였다. 고려 시대에는 삼촌과 조카, 형제 등 가족 구성원 간에 사승(스승과 제자, 師承) 관계를 이루기도 했다. 관료나 귀족은 자기 자녀나 친족을 출가시키는 일이 많았다. 승직은 종교적 권위과 함께 토지 소유나 급여 등 사회적, 경제적 지위도 누릴 수 있었다. 승일부 가문에서는 혈통 관계 안에서 사승 관계를 맺으며 이러한 지위와 특권을 세습하려 했다. 이로 인해 불교 교단의 종교적 순수성은 훼손됐고, 교단이 세속의 계층 구조에 영향을 받게 되는 부작용도 생겼다. 특정 가문이나 혈족 중심으로 만들어진 승려 조직은 교단 내 파벌을 형성하여 갈등을 일으키기도 했다.

'좌선'은 마음을 한 대상에 집중하여 진리를 깨닫는 수행법이다. 편안한 옷차림으로 자세를 바르게 한 다음, 마음을 가라앉히고, 진리를 깨닫는 수행에 집중하며 고요한 상태를 유지한다. 이를 통해 맑고 깨끗한 마음으로 만물을 자유롭게 볼 수 있는 상태를 추구한다.

'선문답'은 깨달음 과정에서 스승과 제자, 또는 선사들끼리 주고받는 문답이다. 그러나 일상적인 상식이나 논리를 넘어선 방식으로 이루어진다. 예를 들어 선문답에서는 "달마 조사가 서쪽에서 온 뜻이 무엇인가?"라는 질문에 "뜰 앞에 잣나무"라고 답한다. 이는 말로 진리를 설명하지 않고 직접 깨닫는 방식이다.

'군' 지위에 오른 승려

고려 후기부터 승려에게 '군君'이라는 세속 지위를 주었다. 이를 '봉군封君'이라 한다. 이 제도는 원나라가 고려에 침공해 국정을 간섭하던 시기에 더욱 확장되었다. 봉군된 승려는 대부분 정치에서 중요한 역할을 맡거나 왕실의 후원을 받는 인물이었다. 이러한 승려들은 단순한 종교적 지도자에 머무르지 않고, 왕권 강화를 위한 정치 도구로 활용되었다. 봉군 제도는 승과나 승관 제도와는 달랐다. 승과와 승관은 불교 교단 내부에서 위계를 형성한 반면 봉군은 세속의 관리 제도와 연결되었다. 봉군은 왕실과 불교계가 서로 이익을 보는 제도였다. 왕실은 봉군을 통해 불교계의 지지를 확보하고, 불교계는 세속에서 지위를 차지해 정치적 영향력을 유지했다. 봉군 제도로 승려의 사회적 위상은 높아졌지만, 동시에 승려가 정치에 참여해 권력을 추구하고, 수행을 게을리하는 문제를 낳았다.

조직화 되는 불교

몽골 침략으로 사회가 혼란해지면서 불교계도 크게 흔들렸다. 사찰은 쇠퇴하고, 사찰이 가진 농지도 황폐해졌다. 불교계는 이를 극복하기 위해 자체 조직을 강화했다. 원나라와 교류하면서 다양한 불교 사상도 들어와 여러 종파가 등장했다. 종파들은 독자적인 교리와 조직을 갖추기 시작했다, 점차 종파는 행정 제도를 갖춘 조직으로 발전했다. 이를 '종단'이라 한다.

종단에 속한 사찰은 서로 연결되어 교리를 전파하고, 자원을 나누었다. 또한 스스로 먹고살 수 있는 경제 기반을 갖추고 독립성을 유지하려 했다. 왕실과 귀족 집안은 특정한 종단을 후원해 정치 기반으로 삼으려 했다. 일부 종단은 왕실과 협력해 왕권 강화에 이바지하거나, 불교 정책에 영향을 미치려고 했다. 또한 종단이 서로 경쟁하며 권력을 다투기도 했다. 게다가 종단이 정치, 경제 활동에 지나치게 관여하면서 불교가 원래 종교로 해야 하는 일은 소홀해졌다. 사찰이나 종단이 막대한 부를 축적해 사회적 비난을 받기도 했다.

도첩제 시행

고려 후기에는 무분별한 출가를 막기 위해 '도첩제'를 시행했다. 도첩은 승려 신분증이다. 승려가 되면 부역을 면제받을 수 있어 많은 향리와 역리, 노비들이 승려가 되었다. 국가 입장에서는 노동력과 세금이 줄어드는 일이었다. 또한 진정한 신앙심 없이 부역을 피하려고 출가한 이들은 계율을 제대로 지키지 않았다. 1325년(충숙왕 12년) 처음 도첩제를 시행해 출가를 엄격히 제한했다. 도첩을 받으려면 관청에 신고하고 면포 50필을 내야 했다. 이를 어기면 부모와 지도 승려를 처벌했다. 승려는 반드시 도첩을 가지고 다녀야 했고, 사찰이 아닌 민간에서 살지 못했다. 도첩제로 국가 인적 자원을 보호하고, 불교계의 수준을 유지하려 했다.

승군 활동

'승군僧軍'은 불교와 국가 방위가 결합한 독특한 군사 조직이다. 국가가 위기에 처하면 승려들이 군인 역할을 했다. 고려 초기부터 사찰은 방어와 노동을 위해 자체적으로 승군을 조직했다. 1104년(숙종 9년)에는 '항마군'이라는 이름으로 정규 군대에 소속되었다. 거란, 몽골, 홍건적, 왜구 등 외세가 침략하면 승군은 중요한 전투에 참여해 활약했다. 특히 몽골이 침략하자 승려 '김윤후'는 처인성 전투에서 몽골 장수를 사살하여 승군의 위상을 높였다. 또한 사찰을 기반으로 군량미와 물자를 자급하며 국가 재정 부담을 덜었다. 승군은 전투 외에도 성곽 수축, 전함 제작, 화약 제조 등에도 동원되었다. 그러나 승군 조직과 활동은 종종 세속 권력과 연결되어 갈등과 비판을 가져오기도 했다.

특별한 능력을 가진 술승

신통력과 영험한 능력을 발휘하는 승려를 '술승' 또는 '영험승'이라 했다. 이들은 왕실 안녕을 기원하는 국가 의례부터 민간의 질병 치료와 재난 방지까지 다양한 영역에서 활동했다. 특히 가뭄이나 전염병 같은 재난 상황에서 신통력을 발휘해 해결사 역할을 하며 영향력을 확대했다.

고려 전기에는 왕실의 후원 아래 술승들이 국가 의식을 주도했다. 지방에서 활동하던 술승은 민간 신앙과 불교를 결합해 의식을 행하였고, 질병을 치료하면서 불교 대중화에 이바지했다.

고려 후기부터는 술승의 성격이 변화하기 시작했다. 일부 술승은 개인적 이익을 위해 신통력을 과시하거나, 권력과 손을 잡았다. 또한 신통력을 대가로 재물을 요구하는 등 상업적 성격이 강화되면서 사회적 비판을 받기도 했다.

경제, 사회적 역할

고려 후기 불교 승려는 경제적, 사회적으로 다양한 역할을 했다. 사찰은 신앙 공간을 넘어 고려 사회의 중심지였다. 사찰은 대규모 토지를 소유하고 경제 활동을 주도했다. 사찰이 가진 토지를 '사원전'이라 했다. 사원전은 농업 생산에 중요한 역할을 했다. 넓은 토지를 바탕으로 사찰은 절 살림을 꾸리는 정도를 넘어 대규모 경제 활동을 하는 주체로 자리 잡았다.

사찰은 지역 사회에서 농민들에게 돈을 빌려주고 이자를 받는 금융 기관 역할도 했다. 높은 승계나 승직을 가진 승려에게는 국가에서 '관고'라는 공식 임명장을 수여했다. 관고를 받은 승려는 국가로부터 일정한 봉급을 받았으며, 사찰 운영에 필요한 자원을 확보하기도 쉬웠다. 일부 승려는 관고를 통해 얻은 권력을 남용하여 개인적으로 재산을 모으기도 했다.

쇠퇴하는 불교

고려 후기 불교는 내부 갈등과 외부 비판이 겹치며 급격히 쇠퇴했다. 글을 다루는 문신 중심이었던 고려 사회가 무신들이 들고 일어나 권력을 잡으면서 무신 정권기에 들어섰다. 이 시기에는 정부 권력이 사찰을 장악하고 승려를 정치에 이용했다. 원나라가 간섭하던 시기에 왕실과 권문세족은 사찰이 소유한 땅으로 이익을 얻었다. 또한 승려들에게 봉군 같은 지위를 부여하고 토지와 노비를 하사하면서, 승려들도 종교 수행보다는 권력을 추구했다. 불교계 내부 분열도 심각해졌다. 선종과 교종 간 대립이 깊어지고, 승과 제도가 문란해졌다. 승려 자격증인 도첩을 사고팔기까지 했다. 승려들은 세족의 지위와 경제적 이권을 두고 자주 다투기 시작했다. 고려 말기 새롭게 성장한 성리학자들은 불교가 일으키는 문제를 강하게 비판했다. 이들은 사찰 토지 소유가 늘어나 국가 재정이 약해지고 민생이 어려워진다고 지적했다. 백성들은 넓은 토지와 노비를 소유하고 상업 활동에만 몰두하는 사찰과 승려를 미워했다. 성리학자들은 이러한 현실을 근거로 불교 교단 세력을 강제로 약화하자는 '억불론'을 전개했다.

● 고려 시대 무속과 무당

다른 종교와 어우러진 무속

불교가 국가 종교가 되자 무속은 공식 의례에서 밀려났다. 하지만 무속은 민간 신앙으로 자리 잡았다. 민간에서는 병 치료와 풍년을 비는 굿이 계속되었다. 고려 왕실에서는 불교와 도교를 받아들였지만 다양한 무속 의식을 이어갔다. 비가 내리기를 비는 '기우제', 가정이 평안하기를 비는 '안택제', 질병 퇴치를 위한 의례 등이 공식 의례는 아니지만 여전히 존재했다.

무속은 고려 중기 이후 불교 및 도교와 활발히 융합했다. '칠성(북두칠성)'과 '제석(인도의 천신)' 같은 불교와 도교의 성격을 함께 띤 신을 받아들였다. 사찰 근처에서 무당이 굿을 하거나, 굿당에 불상을 모시는 일이 흔했다.

민간 종교 지도자 무당

불교가 국가 종교로 우위에 있었지만, 무당은 여전히 필요했다. 무당은 민간에서 중요한 종교 지도자였다. 점을 치고 병을 고쳤으며 기우제를 지냈다. 무당은 주로 지역 공동체에서 활동하며 마을의 제사와 집안에 필요한 굿을 이끌었다.

무속은 불교, 도교와 함께 고려인에게 중요한 종교였다. 백성들은 무당의 굿을 통해 일상의 걱정거리를 해결했다. 무당은 현재 닥친 문제를 해결하는 실질적인 종교 지도자로서 백성에게 신뢰받았다.

● 억불 숭유 정책을 편 조선

불교를 억제하고 유교를 숭상하다

조선은 국가를 다스리는 이념으로 성리학을 선택하고 불교를 억압하기 시작했다. 조선 초기 유학자들은 불교를 '사치스럽고 부패한 종교'이며, 유교적 가치관에 어긋난다고 비판했다. 태조는 불교 개혁을 내세워 사찰이 가진 땅을 거두어들였다. 이런 조치로 사찰은 더 이상 경제적으로 자립할 수 없었다. 태종은 많은 사찰을 없애고 몇몇 중요 사찰만 남겼다. 조선 전체의 사찰 수와 규모는 급격히 줄어들었다. 불교는 조선 사회에서 힘을 잃고, 제한된 범위에서만 활동할 수 있었다.

도첩제로 통제하다

태종은 승려가 될 수 있는 자격을 부여하는 도첩제를 강화해 국가가 승려를 관리하기 시작했다. 승려가 되기 위한 자격 기준도 이전보다 엄격하게 적용했다. 일부 승려는 사찰에서 쫓겨나 농사와 같은 생산 활동에 투입되었다. 태종에 이어 세종도 도첩 발급을 엄격하게 관리하여 승려를 통제했다. 성종 이후에 억불 정책은 더욱 강화되어 승려가 될 수 있는 사람은 얼마 되지 않았다. 도첩이 없는 승려는 '무도첩승'이라고 해서 사회적으로 차별받았고, 승려 활동을 할 수 없었다. 도첩제로 승려 숫자가 줄어들면서 불교가 가진 사회적 영향력과 종교적 정체성이 약해졌다. 불교는 기세를 잃고 쇠퇴해 갔다.

선종과 교종이 통합하다

조선은 불교를 배척했지만, 불교가 가진 사회적 영향력과 조직력을 활용하고 효율적으로 통제하기 위해 종파를 통합했다. 고려 후기 불교가 여러 종파와 사찰이 난립하며 내부 갈등이 심해지고 불교계가 분열된 일을 경계한 것이다. 1424년(세종 6년)에 기존 7개 종파를 일단 선종과 교종으로 단순화했다. '조계종', '천태종', '총남종'은 선종으로, '화엄종', '자은종', '중신종', '시흥종'은 교종으로 통합했다. 이와 함께 전국 사찰 중 선종 18개, 교종 18개를 '양종 사찰'로 지정했다. 도성에서는 흥천사를 선종, 흥덕사를 교종을 대표하는 사찰로 삼았다. 조선 조정은 지정된 사찰을 제외한 사찰을 통폐합하거나 폐쇄했다. 양종 사찰은 국가 공인 사찰로 왕실 관련 기도와 국가 의식을 담당했지만 그 외 사찰은 활동이 크게 제한되었다. 연산군 때에는 흥천사와 흥덕사마저 없어지면서, 선종과 교종은 사실상 사라졌다.

승과는 폐지되고, 승직도 소멸되다

승려를 뽑는 시험인 승과는 조선 초기에도 '선과'라는 이름으로 선종과 교종 각각 30명씩 승려를 선발하도록 정해져 있었다. 하지만 1493년(성종 24년) 법령집인 『대전속록』에서 승과 관련 조항을 없앴다. 연산군 때에는 승과 운영을 중단했다. 명종 때에 잠시 복원되기도 했지만, 1566년 최종적으로 사라졌다. 승과 합격자에게 주던 공식 직책인 승직도 점차 축소되었다. 관료제가 강화되면서 승직은 국가 체계 내에서 역할을 잃었고, 승과가 없어지면서 사실상 소멸하였다.

공적 소임을 담당한 승려

불교는 종교보다는 공공의 복지를 위해 활동했다. 승려들은 '별와요', '귀후소', '활인원' 등 국가 기구에 필요한 노동력을 제공했다. 별

불교 중흥과 문정왕후

조선 11대 국왕 중종의 왕비인 문정왕후는 아들 경원대군이 어린 나이에 왕이 되자 왕을 대신해 8년간 나라를 다스렸다. 문정왕후는 독실한 불교 신자로 승과를 부활시켰다. 1550년에는 '봉은사'에 선종을 두고 '봉선사'에 교종을 두게 하여 선종과 교종 모두를 되살렸다. 승과시를 다시 치러 '서산대사 휴정'과 '사명대사 유정' 등을 뽑았다. 하지만 유학자들은 크게 반발했다. 문정왕후가 죽고 나서 불교 중흥 정책은 다시 사라졌다.

조선 시대에 시신을 처리하는 직업은 천하게 취급했다. 무연고 시신을 매장하는 일은 승려가 담당했다. 이들을 '매골승'이라 불렀다. 매골승은 시신을 매장하면서 간단한 불교 의식을 지내 넋을 위로하고 극락왕생을 기원했다. 매골승은 의료 기관이었던 활인원에 소속되어 급여를 받았다.

와요는 기와를 제조하고 공급하는 기구로, 승려들이 보유한 기술과 노동력을 활용했다. 귀후소는 장례에 필요한 '관곽'을 제작하고, 무연고자* 장례를 지원하기 위해 설립된 기관이다. 활인원은 전염병 환자를 치료하고 고아나 노약자를 구호하는 복지 업무를 담당했다. 조선은 불교를 억제하면서도 승려의 사회적 역할을 인정해 국가 공공 서비스 체계에서 활동하도록 허락했다.

승려, 임진왜란에서 활약하다

1592년 일본이 조선을 침략하자(임진왜란) 불교는 '의승군'을 조직해 국가 위기에 적극적으로 대응했다. 의승군은 평양성 전투, 행주산성 방어전 등 주요 전투에 참여하며 군량 조달, 산성 짓기, 전투 지원

---

* 가족, 연인, 친구 등 사람 사이에 맺은 관계가 없는 사람

등 다양한 방식으로 공헌했다. 사찰은 군사적, 경제적 지원 거점이 되었다. 사찰을 중심으로 승려는 적극적으로 물자를 지원

서산대사 휴정의 초상화(왼쪽)와 사명대사 유정의 초상화(오른쪽)

하고 전투에 참여했다.

승려들은 전쟁 중 군사 지도자로도 활약했다. 서산대사 휴정과 사명대사 유정은 의승군을 이끌고 일본군과 싸웠다, 이후 일본과 포로를 돌려받는 협상에서도 중요한 역할을 했다. 이러한 활동으로 승려는 국가의 충신으로 인정받으며 불교 위상을 높이는 계기를 마련했다. 선조는 임진왜란 당시 서산대사를 '팔도 도총섭'으로 임명하여 전국의 승군을 지휘하게 했다. 사명대사는 서산대사의 뒤를 이어 팔도 도총섭 자리에 올랐다. 도총섭은 승군 동원과 사찰 관리를 총괄하는 최고 지위였다.

임진왜란 이후 변화한 승려의 지위

의승군 활약을 계기로 임진왜란 이후 승려의 사회적 역할이 일부

인정받았다. 특히 국방상 중요 거점에 자리 잡은 사찰과 승려들은 군사적 필요에 따라 지원받았다. 남한산성, 북한산성 등 요새 지역의 사찰은 군사 시설로 유지되었으며, 일부 지역에서는 승군을 군대 조직에 포함했다.

조선 후기 불교계는 전쟁 극복 과정에서 보여준 충의와 헌신 덕분에 유교 중심 사회에서도 제한된 범위 내에서 종교 활동을 할 수 있었다. 다만 승려와 사찰에 대한 지원과 인정은 대부분 군사적 필요에 따른 조치였고, 억불 정책이 사라지지는 않았다.

승역 제도

조선시대 16세 이상 60세 이하 양인은 군인이 되거나, 그렇지 않으면 '군포'를 내야 했다. 이를 '군역'이라 한다. 임진왜란 이전에 승려는 따로 군역을 지지 않고 국가에서 필요로 하는 일에 노동력을 제공했다. 임진왜란 이후에는 승려도 군역 대상이 되었다. 승려들은 남한산성, 북한산성 등 주요 산성 방어와 축조에 동원되었다. 17세기에는 전국 승려들에게 '의승역'을 부과하여 산성을 지키는 역할을 맡겼다.

1729년(영조 5년), 군역을 하는 대신 돈을 내게 하는 '방번전' 체제가 도입되었다. 방번전은 승려 개인이 아닌 사찰 단위로 내야 했다. 사찰은 방번전을 내기 위해 가지고 있는 토지나 재산을 활용했다. 이는 사찰 살림을 압박했지만, 불교계가 자립할 수 있는 경제적 기반을

강화하는 계기도 되었다. 1894년 갑오개혁으로 근대적 세금 제도를
도입하면서 승역과 같은 전통적 세금과 부역은 점차 사라졌다.

조직과 수행 체제를 정비하다

조선 후기 불교는 전란과 억압 속에서도 조직과 수행 체계를 정비
하며 고유의 정체성을 확립했다. 고려 말부터 이어진 '선교일치' 전통
을 바탕으로 선禪을 주로 하고 교敎를 보조하는 형태로 수행 방식을
정비했다. 화엄경 연구와 강의도 활성화되었다. 서산대사 휴정과 그
를 따르는 제자들은 조선 불교 법통을 정립하고 수행 체계를 강화했
다. 사찰은 경제적 자립을 위해 신도로부터 받은 시주와 소유한 토지
를 활용했다. 이러한 정비와 변화는 억불정책 속에서도 불교가 명맥
을 이어갈 수 있는 기반을 마련했다.

불교, 문화적 전통으로 자리 잡다

사찰은 지역 사회 경제의 중심이었다. 지역 백성에게 일자리를 제
공해 사찰과 지역 공동체 사이의 유대를 강화했다. 사찰에서 열리는
불교 행사에 신도들이 적극적으로 참여하도록 유도했다. 사찰은 축
제와 같은 대규모 행사를 열어서 지역 경제를 활성화하고, 불교 문화
를 널리 알렸다. 불교 의례와 불사* 활동은 조선 후기 불교와 대중과
밀접하게 연결하는 통로가 되었다. 불상, 불화 제작과 같은 문화 활

동도 활발히 이루어졌다. 승려들은 독창적이고 예술적인 불상과 불화를 제작했고, 이러한 작품들은 중요한 문화유산이 되었다.

금지되었던 도성 입성이 해제되다

조선은 억불 정책을 펴면서 승려가 한양 도성에 들어오지 못하게 막았다. 다만 왕실이나 국가의 특

조선 시대에 제작된 것으로 추정되는 금동 십일면관음보살좌상(국립중앙박물관)

별 허가를 받는 경우, 왕실 불교 의례와 기도에 참여하는 경우, 왕실에서 지원하는 사찰 소속 승려인 경우만 출입할 수 있었다. 1543년에 승려의 도성 출입이 전면 금지되면서 불교는 지방 산간 지역으로 밀려났다. 1895년 갑오개혁으로 신분제가 폐지되고, 승려도 도성에 들어올 수 있었다. 이는 공식적으로 억불정책이 끝났다는 의미였다. 이때부터 불교는 도심에서 활동을 다시 시작했다. 불교는 교육, 사회복지, 문화 등 여러 방면에서 근대 종교로 새로운 역할을 하기 시작했다.

＊ 부처가 중생을 교화하는 일

● 조선 시대 무속과 무당

무속, 미신이 되다

조선은 성리학을 통치 이념으로 삼았다. 유학은 신과 내세를 부정했다. 유학자들은 불교와 무속을 비합리적인 사교*로 규정하고, 무속을 탄압했다. 하지만 백성들은 여전히 종교적 위안이 필요했다. 유학은 이런 욕구를 충족시키지 못했다. 사람들은 자연스럽게 절이나 무당을 찾았다. 탄압에도 불구하고 무속은 끈질기게 살아남았다. 출산, 혼례, 장례 같은 의례에서 무속 관습이 이어졌다. 마을 공동체는 성황제, 기우제, 마마굿 등 다양한 의식을 행했다. 왕실도 무속을 완전히 버리지 못했다. 임금이 병에 걸리면 무당을 불러 기도했다. 송악산에서는 무당 의례가 공식적으로 이루어졌다. 개성부를 다스리는 관리인 '개성 유수'까지

신윤복이 그린 「무녀신무」에 등장하는 무당

* 건전하지 못하고 요사스러운 종교를 이르는 말, 비슷한 말로 사도, 사종이 있다.

무당과 함께 노래하고 춤췄다. 관청은 무당이 제사 지내는 비용을 지원했다. 임진왜란 이후에는 억압이 느슨해졌다. 유학을 배우는 사대부들도 은밀히 무당을 찾았다.

무당은 가정과 개인 문제를 해결하는 점복과 굿을 맡았다. 병을 치료하는 의식이 특히 중요했다. 홍역, 천연두 등 역병이 돌 때 무당은 병을 치료하기 위한 의식을 행했다. 무당은 병의 원인을 신의 노여움으로 보고 달래는 굿을 했다. 천연두를 다스리는 마마굿이 대표적이다. 홍역신을 달래는 홍역굿, 염병 퇴치를 위한 역신굿도 있었다.

무속, 예술로 이어지다

무속은 조선 예술의 중요한 원천이었다. 굿은 음악, 춤, 연극적 요소를 모두 갖추었다. 굿 장단과 노래는 민속 음악의 바탕이 되었다. 특히 굿에서 부르는 노래인 '무가'는 민요와 판소리 발전에 큰 영향을 주었다. 경기 무가는 경기민요로, 남부 무가는 남도 민요로 이어졌다. 무당 춤사위는 민속춤의 기본이 되었다. 무당이 신을 부르는 춤사위는 살풀이춤으로 발전했다. 신을 즐겁게 하는 춤은 태평무가 되었다. 굿이 가진 연극적 요소는 탈춤과 야유회로 이어졌다. 무당이 신을 연기하는 모습은 가면극의 바탕이 되었다. 굿당 장식과 도구는 민속 공예로 남았다. 이처럼 무속은 조선 음악, 춤, 연극, 공예 등 다양한 민속 예술을 이루는 뿌리가 되었다.

● 새로운 종교, 천주교의 등장

서양 학문 연구가 시작되다

‘천주교(가톨릭)’는 16세기 말에서 17세기 초에 동아시아에 전파되었다. 예수회 선교사들이 중국에 들어가 천문학, 수학, 지리학 등 서구 과학 기술과 함께 천주교를 소개했다. 그 후 청나라를 방문한 조선 사신이 북경(베이징)에서 천주교 서적과 서양 문물을 처음 접했다. 그들이 돌아오며 가져온 서적을 조선 학자들이 연구하기 시작했다. 당시 조선 유학자 중 일부는 조선 사회가 겪는 현실적 문제를 해결하거나, 새로운 대안을 찾기 위해 서구 사상을 연구했다. ‘이익’은 천주교 사상이 유학을 보완한다고 보았다. 또한 실학자 ‘홍대용’, ‘유몽인’ 등은 서양 과학 기술과 문물에 관심을 가지고 이를 연구했다.

학문에서 신앙으로 발전하다

처음에는 학문 연구 대상이었던 천주교는 점차 신앙으로 발전했다. 유교가 해결하지 못하던 삶과 죽음에 관한 문제를 천주교에서 찾으려는 사람들이 늘어났다. 1784년 ‘이승훈’은 북경을 방문하여 프랑스인 선교사인 ‘그라몽 신부’에게 세례를 받고 천주교 신자가 되었다. 그는 조선에 돌아와 ‘이벽’, ‘정약용’, ‘정약전’ 등에게 교리를 전파하고 신앙 공동체를 만들었다. 당시 조선에는 서품 받은 사제가 없었다.

평신도 중 지도자 격인 이들이 신앙을 전파하고 공동체를 조직했다. 이승훈은 미사와 '견진성사'를 주관하고, 다른 신자 10명에게 미사를 거행할 수 있는 권한을 주었다. 이들은 다시 각 지방으로 가서 설교하고, 각종 예식을 주관했다. 이를 '가성직제도', 혹은 '평신도 사제직'이라 한다. 천주교 공동체는 양반, 중인, 천민 등 다양한 계층으로 퍼져 나갔다. 우리나라 천주교는 외부에서 온 선교사나 사제 없이 종교로 자리 잡았다. 세계 천주교 역사에서도 매우 드문 일이었다.

전통 유교 사상과 갈등하다

천주교는 모든 인간이 하느님 앞에서 평등하다는 교리를 강조했다. 이는 유교적 신분제를 기반으로 한 조선의 사회 질서에 어긋났다. 또한 천주교는 조상에게 지내는 제사를 우상 숭배로 여겼다. 게다가 조선 조정은 천주교 신자들이 외국 선교사들과 손을 잡고 외세의 조선 침략을 돕는다고 의심했다. 그래서 천주교를 사교라 여겨 금지했지만, 처음부터 적극적으로 천주교 신자를 잡아내거나 벌주지는 않았다. 1791년 전라도 진산에 살던 천주교 신자 '윤지충'과 '권상연'이 유교식 제사를 거부하고 위패를 불태우는 사건이 발생했다. 이는 '효'를 중시하는 당시 사회 윤리와 질서를 근본적으로 파괴하는 행동이었다. 이 사실이 밝혀지자 두 사람은 체포되어 목이 잘렸다. 다른 신자들도 잡혀가 처벌받았다. 잡혀간 다음 천주교 신앙을 버린(배교) 사람은 풀려났지만, 끝까지 종교를 지키다 목숨을 잃은 사람도 있었다. 이 사건을 '진산 사건' 또는 '신해 박해'라 한다. 진산 사건으로 조선인들은 천주교와 유교가 본질적으로 다름을 깨달았다. 조정은 서양 서적을 수입하거나 읽는 일을 금지하고 관련 서적을 모아 불태웠다. 참혹한 천주교 박해가 시작되었다.

첫 번째 사제가 탄생하다

조선 천주교회는 평신도를 중심으로 운영되었다. 하지만 교회법에 따르면 평신도는 의식을 주관하거나 사제를 임명할 수 없었다. 천주교 신자들은 북경교구에 성직자 파견을 계속 요청했다. 1794년 말 북경교구 책임자 구베아 주교는 '주문모 신부'를 조선으로 파견했다. 주문모 신부는 중국인으로, 북경에서 신학을 공부해 사제 서품을 받았다. 신앙심과 학덕이 뛰어난 데다 외모도 조선인과 구별하기 어려워 조선 선교사로 알맞았다. 주문모 신부는 1795년 부활절부터 본격적으로 활동하기 시작했다. 그는 신자들에게 성사를 베풀고 교회 공동체를 조직화했다. 박해를 피해 몰래 활동했고, 천주교 신자는 두 배로 늘어났다.

박해당하고 순교하다

1795년 부활절에 주문모 신부는 신자들과 한양에서 미사를 거행했다. 이 미사가 발각되자 조정은 주문모 신부와 천주교 신자를 단속하기 시작했다. 체포된 천주교 신자들은 고문을 당했다. 주문모 신부는 체포를 피해 숨어서 신앙 활동을 계속했다. 정조는 정학(유교)이 밝아지면 '사학(천주교)'은 저절로 없어진다고 믿었다. 이 때문에 서학을 금지하고 신자를 잡아들였지만, 그리 가혹하게 다루지 않았다. 박해가 가혹해지기 시작한 시기는 1800년 정조가 죽고 순조가 왕위에 오르면서부터다. 순조는 왕위에 오를 때 나이가 어려 할머니인 '정순왕후'가 나랏일을 대신했다. 정순왕후는 1801년 천주교를 엄격하게 금지하고 강경하게 탄압했다. 대규모 체포와 처형이 이어졌다. 정순왕후와 당시 정권을 잡은 세력은 반대 세력 탄압에 천주교 박해를 이용했다. 이승훈, 정약종, 이가환 등 초기 신자들이 목숨을 잃었고, 정약용과 정약전은 귀양을 갔다. 주문모 신부는 자기 때문에 많은 신자가 피해를 볼까 두려워 조정에 자수했다. 1801년 5월 31일 조정은 주문모 신부를 참형에 처했다.

1801년은 신유년이었다. 이해 일어난 천주교 탄압을 '신유박해'라 부른다. 신유박해로 조선 천주교는 큰 위기에 빠졌다. 교회 조직은 거의 무너졌다. 하지만 신자들은 천주교 신자 마을(교우촌)을 만들고 비밀리에 신앙을 이어 나갔다. 목숨을 바친 순교자를 보며 신자들은 자부심을 느꼈고 더 강하게 결속했다.

조선 대목구 설립되다

조선 천주교회는 북경 대교구 아래 있었다. 신앙 공동체가 성장하면서 독립된 교구가 필요해졌다. 1831년 교황 그레고리오 16세는 조선을 북경 대교구에서 떼어내 '조선 대목구*'로 만들었다. 조선 천주교가 공식적으로 가톨릭교회의 일원이 되었다. 교황청은 선교사를 보냈고, 유럽 출신 선교사들이 들어와 천주교회를 정비했다. 조선 대

＊ 선교하고 있는 지역 임시 교구를 '대목구'라고 한다.

목구를 중심으로 조선인 사제를 양성하기 시작했다. 첫 번째로 '김대건'이 사제가 되었다. 충남 당진 천주교 신자 집안에서 태어난 김대건 신부는 조선 대목구에서 활동하던 선교사로부터 추천받아 중국 마카오로 가서 신학을 공부했다. 1845년 상하이에서 서품 받아 정식 사제가 되었다. 그는 다시 조선으로 돌아와

김대건 신부 초상(한국민족문화대백과사전)

비밀리에 활동하며 신자들에게 성사를 베풀고 교리를 가르쳤다.

박해와 순교가 이어지다

조선 선교는 프랑스 '파리외방전교회'라는 선교단체가 담당했다. 1836년 프랑스 출신 '모방 신부'가 서양인 신부로는 처음 조선에 들어왔다. 선교사들이 활동하면서 천주교 교세가 다시 늘어나자 조정은 더 강하게 탄압했다. 1839년(기해년) 다시 대규모 체포와 처형이 이어졌다. 이를 '기해박해'라 한다. 이때 조선 대목구 교구장인 앵베르 주교와 모방 신부, 샤스탕 신부가 새남터에서 목숨을 잃었고, 100명이 넘는 사람이 죽었다. 1846년에는 김대건 신부가 외국 선교사들이 들어오는 일을 돕기 위해 지도를 그렸다가 반역죄로 체포되었다.

김대건 신부와 그를 돕던 다른 이들이 모두 처형되었다. 이는 '병오박해'라 한다.

1863년 고종 대신 통치를 맡았던 홍선대원군은 강력한 '통상 수교 거부 정책'을 폈다. 홍선대원군은 천주교를 서양 침략 세력으로 여겼다. 1866년부터 1871년까지 대규모로 천주교 신자를 체포하고 처형했다. 프랑스 선교사를 포함하여 무려 수천여 명이 목숨을 잃었다. 천주교 박해 사상 가장 규모가 컸던 '병인박해'이다.

새남터

새남터는 서울특별시 용산구 이촌동 앞 한강 변으로 역사적으로 중요한 장소다. 19세기 초부터 많은 천주교 신자가 여기서 처형되었다. 1801년 주문모 신부, 1839년 앵베르, 모방, 샤스탕 신부, 1846년 김대건 신부, 1866년 베르뇌 주교를 포함한 서양인 신부 6명 등이 모두 이 장소에서 목숨을 잃었다. 1950년 천주교회는 이 지역을 매입하여 '순교 기념지'로 지정했다. 1956년에는 '가톨릭 순교 성지' 기념탑을 세웠고, 1987년에는 '새남터 순교 기념 대성당'을 완공했다.

서울 새남터 가톨릭 성지 기념 성당(한국민죽문화대백과사전)

프랑스 군대가 쳐들어오다

병인박해에서 무사히 도망친 프랑스 '리델 신부'는 중국으로 건너가 프랑스 대리공사 벨로네에게 상황을 자세히 보

병인양요 당시 쳐들어 온 프랑스군 모습을 그린 작가 미상의 그림

고했다. 벨로네는 즉각 조선에 전쟁을 선언하고, 프랑스 극동함대 사령관 로즈 제독에게 연락해 해군 함대를 보내도록 했다. 1866년 10월 19일, 로즈 제독은 프랑스 군함 3척을 이끌고 인천 앞바다에 도착했다. 그러나 한강 수심이 얕고 조수 간만의 차가 커서 군함 운용이 어렵다고 판단하여 청나라로 철수했다. 같은 해 11월 17일, 로즈 제독은 군함 7척과 해병대 1,230명을 포함한 대규모 원정군을 이끌고 강화도를 공격했다. 프랑스군은 초지진과 덕진진 등 조선의 주요 방어 기지를 차례로 점령했다. 강화도 점령 기간 외규장각의 의궤를 비롯한 귀중한 서적들을 약탈했다. 한 달여 동안 강화도를 점령했던 프랑스군은 12월 17일 철수했다. 이 사건을 병인해에 일어난 서양인의 소요, '병인양요'라 한다.

조불수호통상조약으로 천주교를 공인하다

병인양요와 신미양요를 계기로 외세로부터 위협을 체감한 조선은 서양 국가들과 외교 관계를 맺기 시작했다. 1882년 미국과 조약을 맺었고, 1886년에는 프랑스와 조약을 맺었다. 프랑스는 조약 체결 조건으로 천주교 신앙 자유를 내걸었다. 조선 정부는 이 조건을 받아들여 천주교 신앙을 공식적으로 인정했다. 천주교는 박해받지 않는 환경에서 교세를 확장했다. 천주교는 교육, 의료 등 사회 활동을 통해 사회적 기반을 확대했다. 또한 조선인 사제 양성을 위한 신학교를 설립하여 자립 기반을 마련했다. 평등과 사랑을 강조하는 천주교 사상은 신분제가 무너져가는 사회 변화 속에서 많은 이의 마음을 사로잡았다.

한불 수교조약 이후 프랑스 선교사들의 활동은 자유로워졌다. 외국과 무역이 허락된 인천, 원산, 부산 등 '개항장'을 중심으로 천주교회가 자리 잡았다. 1890년 프랑스 출신 '뮈텔' 주교가 조선 교구장이 되어 한국 천주교회를 튼튼히 다졌다. 천주교회는 부모를 잃은 아이를 돌보는 보육원과 노인을 돌보는 양로원을 운영했다. 1894년 수녀들이 인천에 '제물포 고아원'을 열어 집 없는 어린이를 보호했다. 천주교 신학 교육을 담당한 교육 기관으로 '예수성심학교'가 1885년 경기도 여주에 문을 열었다.

첫 본당인 명동성당을 건립하다

사제가 늘 머물며 일정한 지역의 신도를 돌보는 성당을 '본당paeochia'이라 한다. 1892년에 준공된 '명동성당(당시 종현성당)'은 한국 천주교의 중심이 되었다. 1886년 조불 수호통상조약으로 종교 활동이 어느 정도 보장되면서 성당 건립이 본격적으로 추진되었다. 성당을 세우는 과정에서 조선 정부와 갈등, 토지소유권 분쟁이 있었다고도 한다. 청일전쟁 등 대외 혼란과 재정난, 기술자 부족 탓에 공사가 여러 번 중단되었지만, 프랑스 선교사와 신자들이 노력해 결국 완공되었다. 이후 명동성당은 한국 천주교회를 대표하는 상징이자 근대 문화유산으로 자리 잡았다.

명동성당 ⓒKimhs5400

● 초기 개신교 유입

자생적 신앙 공동체로 출발하다

조선은 19세기 중반까지 외국에 문을 열지 않았지만, 일부 서구 세력은 조선에 개신교를 전하려 했다. 1832년, 독일 출신 선교사 '카를 귀츨라프Karl Gutzlaff'가 충남 보령 고대도에 상륙하여 성경을 전하려 했다. 그는 주민들에게 한문으로 쓴 성경과 전도 문서를 나눠 주었지만 단기간 머물렀기에 특별한 효과는 없었다.

보다 본격적으로 개신교가 소개된 것은 만주를 통해서였다. 스코틀랜드 선교사 '존 로스John Ross'는 만주에서 활동하며 조선 사람들과 접촉했다. 그는 1877년 조선 출신 협력자들과 함께 성경을 한국어로 번역했다. 번역한 성경와 기독교 소책자들이 조선에 들어가면서, 선교사 없이 스스로 성경을 읽고 신앙을 받아들이는 사람이 나타났다. 평안도와 황해도 지역은 중국과 무역이나 문화적 교류가 활발했다. 이 지역 사람들은 새로운 사상과 신앙을 받아들이는데 개방적이었기에, 이곳을 중심으로 개신교 신앙 공동체가 퍼졌다.

정식 선교가 시작되다

미국 선교사들이 들어오면서 개신교가 본격적으로 자리 잡기 시작했다. 1884년 미국 감리교 선교사 '로버트 맥클레이Robert Maclay'가고종의 허락을 받아 교육과 의료 선교를 시작했고, 미국 장로교 선교사 '호러스 알렌Horace Allen'이 의료 활동을 통해 왕실과 교분을 맺었다. 그는 김옥균 등 개화파가 일으킨 갑신정변에서 크게 다친 민영익을 치료하여 신임을 얻었다. 그 후 왕실 의사와 정치 고문이 되었다. 또한 첫 번째 서양식 국립병원인 '제중원'을 설립하고 선교 활동을 확장했다. 하지만 이후 알렌은 성직자라기보다는 외교관으로 활동했다. 금광 채굴권, 철도 부설권 등을 따내 미국 회사와 일본 회사에 넘겼다. 미국인 보호와 권리 수호에 적극적으로 나섰으며, 일본 세력에 협력하기도 했다.

개신교 선교사들이 활약하다

초기 서양 선교사들은 조선에 개신교가 뿌리내리는 데 크게 이바지했다. 그들은 주로 의료, 교육, 성경 번역, 전도를 중심으로 활동했다. 특히 교육을 통해 개신교를 확산시켰다, 미국 감리교 선교사 '아펜젤러Appenzeller'는 1885년 우리나라 최초로 근대식 중등 교육 기관인 '배재학당'을 세웠다. 배재학당은 학생들에게 성경과 영어를 가르쳤다. 또한 아펜젤러는 1885년 우리나라 첫 번째 개신교 교회인 '정동제일교회'을 열었다. 정동제일교회는 '한국의 어머니 교회'라고도 불린다.

장로교 선교사인 '언더우드Underwood'는 1886년 '경신학교'를 만

새문안교회(왼쪽)과 정동제일교회(오른쪽)

들었다. 선교사들은 지방을 순회하며 전도하고, 성경과 찬송가를 한국어로 번역해 보급했다. 언더우드는 1887년 '새문안교회'를 세웠다. 이 외에도 여성 선교사 '메리 스크랜튼Mary Scranton'은 1886년 여성을 위한 학교 '이화학당'을, '애니 엘러스Annie Ellers'는 1887년 '정동여학당'을 열었다.

조선인 목회자가 등장하다

초기에는 서양 선교사들이 설교와 교회 운영을 담당하며 교회를 이끌었다. 그러나 자립해서 지속할 수 있는 교회를 세우는 데 중점을 둔 '네비우스 선교 방식'에 따라 한국인 지도자를 양성하려는 노력이 시작되었다. 배재학당 신학반에서 공부한 김창식과 김기범이 1901년 개신교 목사가 되었다. 1901년에는 평양에 '평양신학교'가 세워져 본격적으로 조선인 목회자를 양성하기 시작했다. 평양신학교는 1907년 1회 졸업생 7명을 배출했다. 이들은 목사가 되어 초기 한국

교회 성장을 이끌었다. 조선인 목사가 등장하면서 조선 교회는 자립해 자기 색깔을 내기 시작했다. 이후 조선인 목회자는 교회 운영뿐만 아니라 교육과 전도에도 주도적으로 참여해 개신교 확산에 이바지했다.

3장

근대 종교와 성직자

19세기에서 20세기는 종교가 크게 변화했던 시기이다. 산업 혁명으로 인류는 이전보다 풍요로운 삶을 살게 되면서 종교에 대한 관심이 점점 줄어들었다. 16세기에 있었던 종교 개혁 이후 규모와 권력이 이전보다 줄어든 가톨릭은 성직자를 더욱 엄격하게 양성하고 내부 구조를 정비하는 데에 힘썼다.

우리나라와 중국은 근대화의 물결 속에서 서구의 종교인 천주교와 개신교가 들어왔고, 식민지 지배로 인해 기존의 종교들이 탄압받으며 변화를 겪었다. 특히 우리나라는 일제의 식민지 지배와 6·25 전쟁, 민주화운동을 지나오는 과정에서 성직자들의 활약이 두드러졌다.

20세기 이후 기독교와 성직자

산업화를 거치며 변화하다

19세기와 20세기에 가톨릭 사제와 개신교 목사의 직업은 큰 변화를 겪었다. 산업 혁명을 거치면서 인류는 물질적으로 점점 풍요로워졌다. 과학과 기술이 발전하며 질병, 가난, 기근이 크게 줄어들었고, 악마와 악령에 대한 두려움은 점차 희미해졌다. 사람들은 도시로 이주해 공장에서 일하기 시작했다. 공장 노동은 농업과 달리 날씨나 계절, 땅과 수확에 의존하지 않았다.

여가가 늘어나면서 사람들은 춤, 연극, 스포츠와 같은 다양한 활동을 즐길 수 있었다. 자동차, 텔레비전, 영화, 게임기 같은 발명품을 가지고 노느라 사람들은 교회에 가서 기도하거나 성경을 공부하지 않았다.

과거에는 신학자와 성직자들이 담당하던 일들을 점차 다른 전문가들이 맡게 되었다. 의사는 성직자 대신 환자를 치료했고, 심리학자는 사람들의 마음을 돌보았다. 한때 마녀나 악마로 여겨지던 사람들은 이제 정신 장애가 있는 사람으로 이해되었다. 생물학자들은 인류의 기원을, 물리학자들은 우주의 탄생을 설명하며 기존의 종교적 관점을 보완하거나 대체했다.

성직자, 변화를 위해 노력하다

가톨릭과 개신교 성직자는 이러한 변화에 대응하기 위해 노력해 왔다. 19세기 초부터 전문 신학교들이 생겨 훈련과 교육 수준이 높아졌다. 성직자 후보들이 갖추어야 하는 자격도 엄격해졌다. 그러나 제2차 세계 대전 이후 성직에 지원하는 사람 수는 급격히 감소했다. 산업화로 다양한 직업이 생겨나면서 성직자나 목회자는 가장 선호하는 직업에서 밀려났다. 특히 가톨릭 성직자는 독신주의 정책으로 어려움을 겪었다. 최근 수십 년 동안 많은 성직자와 수녀들이 이 정책 때문에 성직자를 포기했다.

여성들은 오랫동안 성직을 가질 수 없었던 관행도 조금씩 변화하기 시작했다. 1950년대 이후 일부 개신교 교회에서 여성을 목사로 임명했다. 감리교, 루터교회, 성공회 등 여러 종파에서 여성 성직자를 허용했다. 하지만 아직도 일부 보수적인 교단은 여성 목사를 인정하지 않는다. 또한 성직자의 종교 지도자로서 역할과 사회적, 정치적 참여를 두고도 논쟁이 지속되고 있다.

가톨릭교회의 성직자 계층

교단마다 성직자를 부르는 이름과 성직자 계층이 다르다. 가톨릭교회는 전통적으로 의식을 중심으로 하는 종교로, 다양한 직책과 계층이 있다. 고위 성직자 중 일부는 '주교'로 활동하며, 몇몇은 6세기 이후 '추기경'이라는 명예를 받았다. 추기경단은 교황 선출 권한을 가진 성직자들로 구성된 특권 계급이다. 769년 이후 평신도는 교황으로 선출될 수 없고 성직자만이 교황이 될 수 있었다. 1378년 이후에는 추기경단에 속한 성직자만이 교황으로 선출되는 관례가 생겼다. 중세 교회에서 추기경들은 교황의 조언자와 특사로 활동하며 명성, 권력, 영향력을 얻었다. 이들이 가진 영향력은 현대에도 이어지고 있다.

'교황 대리Vicar'와 '특사Legate'는 '대리자'를 의미하며, 가톨릭 성직자들에게 8세기부터 부여된 직책이다. 교황 대리들은 종종 교황의 대표자로 외교적, 행정적 임무를 수행했다. '학장Rector'이라는 직함은 대성당, 대학교 또는 수도원의 지도자를 나타내며, 가톨릭과 개신교에서 모두 사용된다. '몬시뇰Monsignor'은 나이 많고 덕이 높은 원로 성직자에게 부치는 명예 칭호다. '집사Deacons'는 성직자가 아

니지만 행정과 의식 업무를 보좌한다. 초기 기독교에서는 '여집사
Deaconesses' 직위도 있었지만, 중세 이후 없어졌다.

개신교의 성직자들

'목사Pastor'는 일반적으로 개신교 성직자를 가리키는 명칭이다. 또
한 '목사Reverend'라는 칭호는 개신교에서 존경을 나타내는 방식으로
흔히 사용한다. 개신교는 여성 성직 참여를 허용하는 종파가 많다. 역
사적으로 사라졌던 '여집사' 역할도 다시 중요해졌다. 이 일부 교단에
서 다시 강조되고 있다.

군종과 선교사, 교회 밖에 활동하다

'군종Chaplain'은 병원, 군사 기지, 교도소와 같은 기관에서 활동하
며, 종교적 지원과 정
신적 위로를 제공한다.
이들은 종종 해당 집단
과 밀접한 관계를 유지
하며 그들이 필요한 것
을 지원한다. '선교사
Missionary'는 신앙을 알
지 못하거나 익숙하지

미국 남북 전쟁 당시 병사와 장교들을 위해 미사를 집전하
는 사제

않은 문화와 지역으로 종교를 전파하는 역할을 한다. 역사적으로 기독교와 이슬람이 전 세계로 퍼져나가는 데 크게 이바지했다.

신해혁명 이후
중국 종교와 성직자

왕조 시대, 막을 내리다

1911년 신해혁명으로 청나라가 멸망하고 중화민국이 수립되었다. 전통적인 제도와 사상은 흔들렸고, 종교는 새로운 정치 질서 속에서 다시 세워졌다. 혁명을 이끈 지도자들은 유교, 불교 등 전통 종교를 '봉건적 잔재'로 생각했다. 불교 사찰은 가난해지고, 승려의 사회적 지위는 하락했다. 게다가 지역을 다스리는 군인들이 서로 싸우면서 사찰을 파괴하고 사찰 재산을 몰수했다. 그래도 사찰은 자선 활동과 교육을 통해 지역 사회에서 중요한 역할을 계속했다.

서구 기독교 선교사들은 청나라 말기부터 활동을 시작해 학교와 병원을 짓고 기독교를 전파했다. 도시 중산층과 지식인 계층을 중심으로 퍼져나갔다. 하지만 기독교는 전통 종교인 유교, 불교, 도교와 충돌하기도 했다. 그 외에도 도교는 민간 신앙으로 지방 농촌 지역에서 영향력을 유지했고, 북서쪽 신장 지역을 중심으로 이슬람이 정체성을 유지하고 있었다.

중국 공산당의 종교 탄압

중국 공산당은 1949년 중화인민공화국을 설립했다. 중화인민공화국 공산당은 종교를 '미신' 또는 '옛 체제의 잔재'로 여기고 억압 정책을 펼쳤다. 특히 기독교는 서구 제국주의 영향 아래 있다고 판단했다. 국가는 종교 조직을 통제 아래에 두고 종교 전문가들에게 공산당 정책에 순응하도록 요구했다. 종교 활동을 할 때 '애국정신'과 '사회주의 원칙'을 강조하고, 공산당 이념과 정책을 전파하도록 했다. 특히 기독교를 통제하기 위해 '삼자애국운동'을 벌였다.

1966년에서 1976년까지 있었던 문화대혁명으로 종교 시설과 직업이 거의 다 파괴되었다. 기독교뿐만 아니라 불교도 전면적으로 탄압받았다. 사찰과 문화유산이

상하이에 있는 중국기독교협회 사무소, 왼쪽 간판에 '삼자애국운동'이라고 적혀 있다. ⓒFlsxx

파괴되었고, 승려는 노동자로 농장이나 공장에서 일해야 했다.

개혁개방을 실시하다

1978년 중국 정부는 국내 제도를 개혁하고 경제를 개방했다. 이를
'개혁개방'이라 부른다. 개혁개방 이후 사찰이 복원되고 승려 수가 증
가하면서 불교는 대중화되기 시작했다. 많은 사찰이 관광지로 활용
되었다. 불교는 자선 활동과 교육을 통해 사회적 신뢰를 회복하려 노
력하며, 중국 문화유산으로 자리 잡았다.

기독교도 신자가 급증했지만 공산당은 기독교 활동을 철저히 감시

하며, 중국 정부에 순응하도록 요구했다. 정부 통제를 거부하는 신자들은 여전히 비공식 교회에서 활동했다. 도교와 민간 신앙도 부활했다. 이슬람 공동체는 민족 정체성과 신앙을 유지하고 있으나, 중국 정부는 감시와 통제를 계속하고 있다. 종교가 부활하면서 종교 관련 전문가도 늘어났다. 특히 종교가 문화유산으로 재평가되면서 종교 직업은 관광 산업과 결합되기도 했다. 또한 종교 전문직은 전통적인 종교 의식 외에도 심리 상담, 교육, 사회복지 등 현대적 역할로 확장되었다.

제한적으로 활동을 허용한 종교 정책

중국은 종교의 자유를 법적으로 보장하지만, 정부의 강력한 통제와 관리를 통해 종교 활동을 제한적으로 허용한다. 모든 종교는 국가의 정책 방향에 따라 운영되며, 특히 종교의 '중국화'와 '사회주의 가치'의 실천을 강조한다. 종교 단체와 장소는 정부에 등록해야 한다. 또한 중앙 행정 기관으로 '종교 사무국'을 두고 종교 활동과 단체를 감독하고 관리한다. 각 지방에

종교 사무국 ⓒlienyuan lee

도 '지방 종교 사무국'이 있어 종교 관련 사안을 관리한다. 허가받지 않은 종교 활동과 해외 종교 세력 개입, 극단적인 주장 등은 단속하고 처벌한다.

중국의 주요 종교 현황

중국 정부는 불교, 도교, 이슬람교, 개신교, 천주교(가톨릭) 등 다섯 가지 종교만 공식적으로 인정한다. 불교는 약 20만 명의 승려와 3만 3천여 개의 사찰이 운영되고 있으며, 주요 종파로는 '선종', '천태종', '화엄종', '티베트 불교' 등이 있다. 도교는 약 5만여 명 '도사'와 9천여 개 '도관'이 있다. 개신교는 약 2300만 명의 신자와 2만 5천여 개의 교회가 있으며, 주로 농촌과 도시 저소득층에서 신도가 많다. 천주교는 약 550만 명의 신자와 6천여 개의 성당이 있다. 전체 종교 인구는 약 1억 명 이상으로 추정되며, 이 중 불교와 도교를 믿는 신자가 가장 많다. 공식적으로 승인된 종교 활동 장소는 약 13만 9천여 개이고, 등록된 성직자는 약 36만 명에 이른다.

일제강점기 이후
우리나라 종교와 성직자

● 무속과 무당

일제, 무속을 탄압하다

일제는 체계적으로 무속을 탄압했다. 1915년 '경찰범처벌규칙'을 만들어 무당을 단속했고, 1915년부터 1945년까지 무당의 영업 행위를 불법화했다. 점복과 굿을 '미신 행위'로 규정했고, 무당의 활동을 '공안 방해'라고 처벌했다. 일제는 무속을 두 가지 측면에서 탄압했다. 첫째는 '미신 타파'라는 명목이었다. 일제는 무속이 조선의 근대화를 방해한다고 보았다. 둘째는 민족 문화 말살이었다. 일제는 무속이 조선 민족 정체성을 담고 있다고 생각했다. 일제가 굿당 문을 강제로 닫게 하면서 무당은 지하로 숨어들었다. 공개적인 굿은 금지되었다. 그래도 무당은 은밀히 가정을 방문해 작은 의식을 진행했고, 탄압에도 불구하고 무속은 살아남았다. 민중은 여전히 무당을 찾았으며, 무속은 민족 문화를 보존했다. 일부 지식인들은 무속을 민족 문화의 정수로 보고 연구하기도 했다.

20세기 이후 무속의 변화

서구 합리주의가 들어오면서 무속은 사회적으로 천대받았다. 하지만 민중은 여전히 무속을 믿고 의지했다. 무속도 크게 바뀌었다. 마을 공동체가 아닌 개인을 중심으로 의식을 치렀다. 특히 도시가 발전하면서 많은 무당이 서울과 같은 대도시로 이주했다. 이들은 도시 골목에 굿당을 차리고 손님을 받았다. 마을 공동체에서 벌이는 대규모 굿은 줄어들고 가정에서 벌이는 작은 굿이 늘어났다. 사업 성공을 비는 '재수굿', 학업 성취를 비는 '공부굿', 승진을 위한 '관수굿' 등 새로운 굿도 생겨났다. 무속은 도시민이 원하는 바에 맞춰 변화했다.

오늘날 현대 문화와 융합한 무속

오늘날 무속은 크게 변화하여 개인 신앙 형태로 바뀌고 심리 상담 성격을 띠게 되었다. 무속은 현대 문화와 융합했고, 디지털 시대에 적응했다. 무당은 인터넷과 미디어를 적극적으로 활용한다. 유튜브 채널을 운영하고 TV 프로그램에 출연한다. 때로는 직접 만나지 않고

SNS로 상담하기도 한다. 무속은 전통 굿에 심리 치유 요소를 더해 명상, 힐링 등 새로운 개념을 받아들이면서 젊은 층의 관심도 늘었다. 무당 역할도 이전과 달라졌다. 무당은 점복과 굿을 하면서 심리 상담가와 비슷한 역할을 한다. 사업, 진로, 결혼, 건강 등 현실적 고민을 다룬다.

무속은 상업화되기도 했다. 인터넷으로 굿을 중계하고 온라인으로 점을 친다. 무속은 현대화된 모습으로 종교 기능을 이어가고 있다. 요컨대 전통과 현대를 넘나들며 새로운 형태로 발전하는 중이다.

● 불교와 승려

사찰을 식민지 통치 도구로 활용하다

1910년 한일병합조약 체결 이후 일본 제국주의는 조선총독부를 세워 우리나라를 통치했다. 조선총독부는 불교를 식민지 통치 도구로 활용했다. 승려에게 조선 민중이 식민지 체제를 고분고분하게 따르는 '순한 인민'으로 길들이라고 강요했다. 조선 불교가 민족운동이나 항일운동을 주도하지 못하도록 승려들을 철저히 감시하고 통제했다. 1911년에는 '사찰령'이란 법을 만들어 전국 사찰을 31개 본산으로 재편했다. 본산 아래 속하는 사찰(말사)을 지정했다. 총독부는 본산을 통제하고 본산은 말사를 관리하는 체제를 만들어 사찰이 독립적으로 활동하지 못하게 했다. 총독부에서 허가한 승려만 사찰 주지를 맡았고, 그 주지가 사찰 운영을 모두 도맡아했다. 사찰은 수행과 종교 기관이라기보다 행정 기관처럼 변했다. 사찰 운영 방식이 총독부 정책과 맞지 않으면 주지를 교체하는 등 제재를 가했다. 승려 공동체가 쌓아왔던 전통과 자율성은 크게 손상되었다.

승려의 결혼과 육식을 허가하다

조선 불교를 일본 불교 형태로 바꾸기 위해 승려들이 일본식 생활 방식을 따르게 했다. 조선 불교는 엄격한 금욕주의 규율을 따랐다. 승려는 결혼할 수 없었으며, 육식을 금지했다. 하지만 일본 불교 일부 종파(특히 정토진종)는 결혼과 육식을 허용하는 '대처승' 제도가 있었다. 대처승은 아내나 자식을 둔 승려를 뜻한다. 조선총독부는 1926년 승려가 결혼하고 고기를 먹을 수 있도록 허용했다. 승려를 금욕적인 종교 수행자가 아닌 가족을 꾸리고 생활하는 일반 사회인처럼 여겼다. 대처승 제도가 퍼지면서 조선 불교가 지켜왔던 전통적 규율은 파괴되었고, 승려가 가진 권위도 약해졌다. 또한 여전히 전통을 지키는 승려와 대처승 사이에 갈등도 발생했다.

불교 교육의 변화

조선 불교는 주로 경전 독송과 수행을 주로 가르쳤고, 학문적 훈련보다는 종교적 실천을 중요하게 여겼다. 일제는 조선 불교에 근대적 교육 체계를 도입하며, 일본 불교에서 만든 교육 방식을 따르도록 강요했다. 일본식 교리학교 설립을 지원하며 일본어와 일본식 불교 철학을 교육하도록 했다. 일본 불교 주요 종파에서 주장하는 교리와 철학이 중요한 교육 내용이었다. 불교 교육 과정에서 일본어를 사용했기에, 일본어를 모르면 교육과 행정에 참여하기 어려웠다. 일본어를 사용하면서 조선 불교계는 더욱 일본화되었다. 하지만 이를 반대하고 민족 불교 복원을 위해 노력하는 승려도 있었다.

의례와 관습을 일본화하다

일제는 일본식 의식을 강요했다. 사찰에서 거행하는 법회나 축제는 일본 황실을 찬양하고, 식민지 통치를 정당화하는 내용으로 채워졌다. 조선총독부는 승려들에게 우리 전통 승복 대신 일본식 승복을 입도록 강요했다. 일본 불교식 승복 착용은 민중에게 조선 불교가 일본 불교 밑에 들어갔다는 것을 직접 보여주는 상징적인 모습이었다. 사찰 내부 구조와 장식에도 일본식 불상, 법구, 장식물이 주를 이루고, 전통적 조선 양식은 사라지거나 줄어들었다.

승려들, 일제에 저항하다

항일운동에 뛰어든 승려도 있었다. 일제강점기 불교계는 민족 정
체성을 지키고 독립운동에 이바지하기 위해 다양한 항일 활동에 참
여했다. 대표적인 인물로는 '한용운'과 '백용성'을 들 수 있다. 한용운
은 3·1운동 민족대표 33인 중 한 명으로 독립선언서를 작성하며 민
족의 독립 의지를 드러냈다. 백용성은 3·1운동에 참여한 뒤 대각교를
창립해 불교계 독립과 전통을 수호하려 노력했다. 또한, '조선불교청
년회'는 1920년대 사찰령 철폐 운동과 독립운동을 전개하며 민족의
식을 고취했다. 많은 승려는 사찰을 항일운동 비밀 거점으로 활용하

1920년 7월 2일자 동아일보에 실린 3·1 운동에 참가한 민족대표 48
인 공판에 관한 기사, 다섯째 줄 왼쪽에서 두 번째가 한용운(동아일보)

거나 독립운동 자금을 모아 임시정부를 지원했다. 이들은 불교를 통해 조선 민중에게 독립 의지를 심어주고, 항일운동을 위한 정신적 기반을 제공했다. 조선총독부는 이런 활동을 감시하고 탄압했다. 이 과정에서 일부 승려가 체포되거나 처벌받기도 했다.

많은 승려는 생존을 위해 총독부와 일정 수준 협력하면서도 민족의식을 잃지 않으려 노력했다. 하지만 일본과 협력하는 모습은 친일로 비치기도 했다. 강한 항일 투쟁을 기대하던 민족주의자들은 이런 어정쩡한 태도를 강력히 비난하기도 했다.

일제와 단절하고 전통을 복원하다

1945년 일제 패망 후 우리나라 불교는 일본화된 체제를 청산하고, 전통과 민족적 정체성을 회복하려 했다. 무엇보다 사찰의 독립적인 활동을 막았던 사찰령 폐지 운동을 펼치며 일본식 체계를 청산하고 전통을 복원하기 시작했다. 또한 일본 제국주의와 결합한 불교 이념을 제거하고, 전통적으로 우리 불교가 추구하는 가치를 회복하려 했다. 친일 행보를 보인 승려들에 대한 비판도 강해졌다. 이들을 불교계에서 몰아내자는 '정화 운동'도 일어났다.

불교 정화 운동이 일어나다

일제강점기 불교계에는 갈등이 쌓였다. 항일운동에 뛰어든 승려와 일제에 협력한 승려 사이, 결혼하지 않고 육식을 금하는 규율을 지키던 '비구'와 '대처' 사이 갈등이 심했다. 불교계는 이 문제를 해결하고 불교가 가진 종교적 순수성과 전통을 되찾기 위해 정화 운동을 계획했다. 하지만 대처승과 일본식 제도를 유지하려는 일부 세력과 전통 승려들 간에 충돌이 발생했다.

1954년부터 1955년 사이 당시 대통령 '이승만'은 '불교 정화 유시*'를 일곱 차례에 걸쳐 발표했다. 이 유시는 일제강점기에 도입된 일본식 불교 잔재를 없애고 조선 불교 전통을 복원할 것을 촉구했다. 또한 대처승은 일제 잔재이므로 사찰 소유권을 내려놓고 모두 물러나야 하고, 결혼하고 육식하는 일본 승려 생활을 비판했다.

1954년 6월 불교계는 '불교교단정화대책위원회'를 만들어 본격적인 정화 운동을 시작했다. 그해 11월 5일에는 비구승 80여 명이 태고사에 진입해 대처승

대한불교조계종 본산인 조계사의 대웅전

* 대통령이 내리는 지시

들을 몰아내고 사찰 이름을 '조계사'로 바꾸었다. 하지만 대처승은 사찰 소유권을 주장하며 정화 운동에 강력히 저항했다. 1955년 6월, 대처승 약 300명이 조계사를 공격하며 비구승과 물리적으로 충돌했다. 이 사건으로 부상자가 여럿 발생하며 사회 문제로 떠올랐다.

갈등을 봉합하고 새롭게 출발하다

1955년, 비구와 대처 대표 각 5인으로 '불교정화대책위원회'를 만들고 정부 주도 아래 분쟁을 조정했다. 이들은 '승려 8대 원칙'을 만들어 승려 자격을 정했다. 8대 원칙은 아래와 같다.

1) 독신
2) 머리를 깎고 승복을 입을 것
3) 신체적 결함이 없을 것
4) 백치가 아닌 자
5) 살생, 도둑질, 음행, 거짓말을 하지 않을 것
6) 술과 고기를 먹지 않을 것
7) 승려 3인 이상과 단체생활을 할 것
8) 25세 이상으로 비구계를 받고 3년을 넘길 것

한국불교태고종 본산인 봉원사

하지만 갈등은 끝나지 않고 폭력 행위가 이어졌다. 결국 문교부 장관과 내무부 장관이 공동으로 8대 원칙에 따라 불교계를 정화하도록 명령했다. 이후 정부 승인 아래 비구승들이 주요 사찰 주지직을 차지하기 시작하며, 대처승을 점차 불교계에서 몰아냈다. 정화 운동 결과 1962년, '대한불교조계종'이 탄생했다. 대한불교조계종은 비구승이 중심이 되는 새로운 불교 교단이었다. 대처승은 따로 떨어져 1970년 '한국불교태고종'이라는 독립적인 불교 교단을 만들었다. 한국불교태고종은 대처승 전통을 유지하고 있다.

육식 금지 규정은 불교 전통마다, 교리마다 조금씩 다르다. 우리나라에 들어온 대승불교는 육식을 명시적으로 금지하고 있다. 불교 기본 계율인 생명을 죽이지 않는 '불살생'을 실천하기 위해서다. 하지만 석가모니는 육식을 전면 금지하지 않았다. 음식을 구걸해 먹을 때, 채소와 고기를 구별하지 말고 먹어야 한다고 가르쳤다. 동남아시아를 중심으로 퍼진 소승불교에서 승려도 '삼정육'은 먹을 수 있다. 삼정육이란 자기에게 주기 위해 죽이는 것을 직접 보지 않은 짐승의 고기, 자신을 위해 죽였다는 사실을 전해 듣지 않은 고기, 자신을 위해 죽였으리라 의심하지 않은 고기를 뜻한다.

결혼 금지는 전통적으로 모든 불교에서 지키는 규율이다. 하지만 현대 사회에서 현실적인 생활과 포교 활동을 위해 결혼이 필요하다는 주장도 있다. 일본은 1872년부터 승려가 결혼하도록 공식적으로 허용했다. 대부분 일본 불교 종파는 결혼을 허용하고 있으며, 자식에게 주지직을 물려주는 일도 흔하다.

법난이 일어나고 민중불교운동이 일어나다

1980년 전두환을 우두머리로 삼은 군부 세력은 쿠데타를 일으켜 정권을 장악했다. 이들은 한국 사회에서 상당한 영향력을 가진 불교계를 자기들 통제 아래 두고자 했다. 이를 위해 1980년 10월 27일, 전국 사찰을 강제로 수색하고 승려를 체포했다. 이 사건이 한국 불교계에 깊은 상처를 남긴 '10·27 법난'이다. 불교계는 사회적 신뢰도와 이미지에 심각한 타격을 입었다. 하지만 이를 계기로 불교계는 자기 정체성과 사회적 역할을 재정립했다. 특히 1980년대에 들어서면서 민주화운동과 연계된 '민중불교운동'이 등장했다. 민중불교는 단순히 종교 수행에만 머무르지 않고, 민중이 받는 고통을 해소하기 위해 적극적으로 현실 세상에 참여하는 불교 운동으로 발전했다.

불교 대중화를 위해 노력하다

1990년대 한국 불교계는 대중이 불교에 쉽게 다가갈 수 있도록 다양한 노력을 기울였다. 우선 주로 산속에 있던 사찰을 도심으로 옮겨 대중이 편하게 갈 수 있게 했다. 도심 사찰은 신도들이 더 자주 방문할 수 있는 장소가 되었으며, 현대적 설계와 대중적 프로그램을 통해 전통 불교에 쉽게 다가갈 수 있도록 했다. 그뿐만 아니라 도심 곳곳에 '포교당'을 설립하여 불교를 접할 기회를 늘렸다. 포교당은 불교 의식뿐만 아니라 명상, 강연, 상담 등 대중이 원하는 프로그램을 운영했다. 또한 승려 중심 불교에서 벗어나, 보통 신도(재가자)들이 하는 역할도 늘어났다. 재가자들은 불교 의식 주재, 법회 기획, 불교 교육 프로그램 운영 등에 적극적으로 참여하며, 불교 공동체를 이루는 중요한 축으로 자리 잡았다. 여기에 더해 한문으로 된 경전을 우리말로 번역해 일반 대중이 쉽게 불교를 이해할 수 있도록 했고, 다양한 불교 잡지와 출판물로 불교 교리와 수행법을 소개했다. 1990년대 말부터 사찰 체험 프로그램이 등장하기 시작했고, 이후 '템플스테이'로 자리 잡았다. 템플스테이를 통해 일반인이 불교와 승려 생활을 체험하도록 했다.

대중매체에서 불교를 다루다

1980년대 이후 불교를 소재로 한 영화와 드라마가 많이 나왔다. 임권택 감독이 만든 〈만다라(1981)〉, 〈아제아제 바라아제(1989)〉, 배용균 감독이 만든 〈달마가 동쪽으로 간 까닭은(1989)〉과 같은 영화는 한국 불교를 대표하는 영화로 꼽힌다. 불교 사찰과 승려가 드라마 소재나 배경으로 자주 등장하고, 불교 상징과 철학을 담은 작품도 많다. 1990년에는 '불교 방송(BBS)'이 문을 열어 각종 교계 소식을 전달하기 시작했고, 1995년에는 불교 텔레비전이 방송을 시작했다. 라디오와 텔레비전 방송은 불교를 보다 넓은 연령층과 사회 계층에 전달하는 중요한 역할을 했다.

디지털과 온라인을 활용하다

과거 승려는 청정한 수행자로서 계율을 준수하고, 종교적 리더로서 존경받는 이미지가 강했다. 현대 사회 승려는 종교적 리더 역할을 넘어, 환경 문제, 사회 갈등 해결, 인권 보호 등 다양한 사회 활동에 참여하고 있다. 또한 현대인이 겪는 정신적 스트레스와 소외감을 치유하기 위해 심리 상담자, 치유자의 역할도 하고 있다. 각종 명상, 마음

치료 프로그램을 운영해 대중과 활발히 소통하고 있다. 정보화 사회의 발전에 따라 승려들은 온라인과 디지털 플랫폼을 통해 대중에게 다가가고 있다. 법회를 온라인으로 올리고 불교 콘텐츠를 제작해 공유하는 등 디지털 매체를 활용한 포교 활동이 확대되고 있다.

● 천주교와 사제

교회 조직을 정비해 자립하다

1910년 강제로 체결된 '한일병합조약'으로 조선은 일본 제국주의의 식민지로 전락했다. 식민지 지배 아래였지만 천주교회는 계속 성장했다. 1911년, 조선 대목구가 '서울 대목구'와 '대구 대목구'로 분리되었다. 교구를 나눠 선교 지역을 효과적으로 관리하면서 교세를 확장했다. 천주교 조직의 중심은 외국인 선교사에서 점차 조선인 성직자로 바뀌었다. 조선인 성직자 양성을 위해 '용산 신학교' 등에서 신학을 가르쳤다. 또한 '교구장(주교)'을 중심으로 '부교구장', '참사회', '교구 법원' 등 행정 기구를 정비해 교회를 안정적으로 성장시켰다.

성당의 경제적 토대를 만들기 위해 농지를 사서 운영했다. 농지에서 얻은 이익을 신학교 운영비나 성당 유지, 복지 사업 등 다양한 분야에 활용했다. 신자들로부터 성금을 모으고 기부를 받는 제도도 활발히 운용했다. 천주교회는 점차 자체 수익과 신자 후원으로 스스로 운영할 수 있게 되었다.

일제 통치를 견디다

일제는 식민지 통치 초기, 천주교회를 비롯한 여러 종교 단체를 포섭하기 위해 비교적 부드럽게 접근했다. 천주교가 운영하던 학교, 병원, 복지 시설 등을 제한적으로 허가했다. 그러나 1919년 3·1운동 이후 민족적 각성과 저항 움직임이 커지자, 종교 단체 설립, 집회, 설교를 엄격히 통제했다.

일제는 1930년대 중일 전쟁과 태평양 전쟁을 벌였다. 전쟁 물자와

신도와 신사 참배

'신도(神道)'는 일본 고유 종교로, 자연신과 조상신을 숭배했다. 근대에 이르러 일본에서는 천황을 신성시하는 국가 신도 체제가 확립되었다. 신도에서 제사 지내는 시설을 '신사(神社)'라고 한다. 일제는 조선인들에게 '국민의례'라는 명분으로 신사에서 천황과 신령에게 예를 올리도록 강제했으며, 특히 1930년대 이후 학교·관공서 등에서 신사 참배를 의무화했다. 이를 거부하는 이들은 퇴학이나 파면 등 처벌을 받았다. 신사 참배는 기독교계의 우상 숭배 금지 교리와 충돌하였고, 일부 신자들은 극심한 탄압에도 불구하고 저항했으나, 교파와 지역에 따라 순응하고 타협하는 사례도 있었다.

인력 부족을 보충하기 위해 조선으로부터 모든 자원을 짜냈다. 천주교회도 대상이 되었다. 교회에 신사 참배를 '국가 의례'로 강요했고, 전쟁 지원금(국방헌금) 납부와 각종 친일 행사 참여를 요구했다. 천주교회는 생존을 위해 일제에 어느 정도 협력할 수밖에 없었다. 신사 참배를 하고 전쟁에 협력하면서 천주교회는 민족 정체성을 훼손하고 일본 제국주의에 협력했다는 비판을 받기도 했다.

힘겹게 가톨릭의 정체성을 유지해 나가다

일제강점기 동안 천주교회는 정치와 종교를 분리한다는 '정교분리 원칙'을 내세워 공식적으로 독립운동에 적극적으로 가담하지 않았다. 그러나 일부 신자들은 개인적으로 3·1운동에 참여해 체포, 투옥되는 등 민족운동에 앞장섰다. 또한 과거 박해로 희생된 순교자들을 기리며 신앙 공동체 내부를 단결했다. 1930년대 중일 전쟁이 발발하자 일제는 신사 참배를 천주교에도 요구했다. 천주교회는 처음엔 우상 숭배라며 거부했다. 1939년 일본 주재 교황 사절은 신사 참배를 종교 의식이 아닌 정치적, 국가적 의식으로 해석할 수 있다는 지침을 발표했다. 하지만 이를 우상 숭배로 여긴 일부 신자들은 계속 신사 참배를 거부해 일제로부터 탄압받았다. 또한 만세운동, 독립선언문 배포, 독립 자금 모집 등에 적극적으로 참여하는 신자도 있었다. 천주교회와 신자들은 학교, 고아원, 양로원 운영을 통해 대중에게 근대식 교육과 복지도 제공했다. 외국인 선교사가 줄어든 다음부터 조선인 성직자들은 신자들과 밀접하게 협력했다. 성직자와 신자 간 긴밀한 연대로 천주교회는 어려운 환경에서도 신앙 정체성을 유지할 수 있었다. 이는 해방 후 현대적 공동체로 발전하는 중요한 토대가 되었다.

해방 직후 교회를 재건하다

1945년 해방 직후 한반도는 남북으로 분단되었다. 천주교회도 자연스럽게 남북한으로 나뉘었다. 당시 남한에는 신자가 약 11만 명, 북한에는 약 5만 2천 명이 있었다. 북한에서는 사회주의 정권 수립과 함께 종교 전반을 통제하기 시작했다. 남한 교회는 새로운 국가 건설에 이바지하는 활동을 시작했다. 일제강점기에 폐간되었던 『경향신문』을 해방 후 복간해, 언론을 통한 사회적 영향력을 회복하려 했다. 교육 사업과 복지 사업에도 힘써 국민에게 직접적인 도움을 주려고 했다. 또한 대한민국 정부가 유엔(UN)으로부터 승인받는 데에도 이바지했다. 이처럼 천주교회는 해방 이후 달라진 시대 환경에 맞추어 사회참여를 적극적으로 확대해 나갔다.

6·25 전쟁의 시련을 겪다

1950년 발발한 6·25 전쟁은 천주교회에도 큰 상처를 남겼다. 특히 북한이 종교를 탄압하면서 많은 성직자와 평신도 지도자가 감옥에 갇히고, 희생되거나 행방불명되었다. 전쟁 기간 중 성직자 약 40여 명이 처형되거나 연락이 끊겼다고 한다. 전쟁이 끝난 뒤 남한 천주교회는 외국에서 보내온 지원과 국내 신자들이 모은 힘을 바탕으로 전쟁으로 황폐화된 국가를 다시 건설하는 사업에 적극적으로 참여했다. 반면 북한 교회는 종교 활동이 사실상 전면 중단되어, 명맥을 유지하기 어려운 상황에 놓였다.

체제 정비와 함께 독립 교구가 설립되다

전쟁이 끝나고 사회는 점차 안정을 찾았다. 천주교회는 본격적으로 체제를 정비했다. 1962년 교황청은 한국 천주교회를 '대목구' 체제에서 자립적인 '교구' 체제로 전환했다. 대목구 체제는 외국인 성직자가 교구장을 맡아 운영하던 구조였다. 이에 한국 천주교회는 오랫동안 외국인 선교사에 의존해 왔다. 교구 체제로 전환하면서 한국 천주교회는 자립적이고 독립적인 운영이 가능한 성숙한 교회로 발돋움했다. 이후 교구는 '서울 대교구', '대구 대교구', '광주 대교구' 3개 관구로 나뉘었으며, 각 관구 아래는 세부 교구가 있었다. 1969년에는 처음으로 '김수환' 대주교가 추기경이 되었다. 추기경 탄생은 한국 천주교회 위상을 보여주는 중요한 사건이었다. 이후 '정진석', '염수정' 등 후임 추기경들이 뒤를 이었다.

김수환 추기경은 한국 천주교회를 상징하는 인물이다. 1922년 대구에서 출생해 1951년 성직자로 서품 받았다. 1966년에 마산 교구 주교가 되었으며 1968년에는 서울대교구장 대주교로 임명되었다. 1969년에 우리나라 첫 번째 추기경이 되었다. 그는 정의를 실현하고 민주주의를 이루는 데 앞장서 전 국민으로부터 존경받았다. 또한 타 종교와 화합과 대화를 위해 노력했다. 김수환 추기경은 '한국의 양심'으로 불리며, 그가 하는 말과 보이는 행동은 천주교뿐 아니라 한국 사회 전체에 영향을 끼쳤다. 2009년 세상을 떠난 김수환 추기경은 한국 천주교회 성장과 발전, 그리고 한국 사회 민주화와 인권 신장에 크게 이바지했다.

김수환 추기경

성직자를 교육하고 양성하다

1885년 강원도 원주에 세워진 뒤 1887년 서울 용산으로 이전한 '예수 성심 신학교'와 1914년 대구에 설립된 '성 유스티노 신학교'가 천주교 성직자 양성의 중심이었다. 성 유스티노 신학교는 '천주공교 신학교'로 이름을 바꾸었다가 해방 이후 '성신대학'이 되었다. 6·25 전쟁 동안에도 제주도 서귀포와 부산 영도로 이전해 학교를 운영하다가 전쟁에 끝나고 서울 종로구 혜화동으로 돌아왔다. 1959년에는 학교 이름을 '가톨릭대학'으로 변경해 종합대학으로 발전했다. 1960년 대학원 석사 과정, 1961년 박사 과정을 신설하며 고등교육 기관으로서 역할을 강화했다. 1972년부터는 평신도와 수도자도 신학부에 들어오도록 해서 성직자 양성뿐만 아니라 일반 신학 교육으로 범위를 확장했다. 그 외에도 대구가톨릭대학교, 인천가톨릭대학교, 부산가톨릭대학교 등 교구별로 성직자 양성 교육 기관이 있다. 그 외에도 예수회, 프란치스코회, 살레시오회 등에서도 자체 신학 교육 기관을 운영한다.

제2차 바티칸 공의회, 변화의 계기가 되다

1962년부터 1965년까지 열린 제2차 바티칸 공의회는 한국 천주교회에 큰 변화를 가져왔다. 공의회는 라틴어로 진행되던 미사를 각국 언어로 하도록 했다. 다른 종교와 대화와 협력을 강조했고, 개인이 종교를 선택할 자유를 존중해야 한다고 선언했다. 또한 사회 문제에 대해서도 교회가 적극적으로 참여해야 한다고 촉구했다. 바티칸 공의회 결과 우리나라에서도 전례 개혁을 통해 미사를 한국어로 진행하게 되었다. 복잡한 의식도 단순화되었다. 이제 평신도는 단순한 신앙 실천자를 넘어 교회와 사회에서 적극적으로 활동할 수 있게 되었다. 평신도 단체가 활성화되면서 신자들은 교회 활동뿐만 아니라 사회봉사와 정의 구현 활동에도 참여했다. 교회가 사회 정의와 평화, 인권 문제에 적극적으로 나설 것을 강조하면서 한국 천주교회는 1970~1980년대 민주화운동과 인권운동에 적극적으로 참여했다.

민주화를 지지하고 인권을 지켜나가다

1970년대 이후 한국 천주교회는 독재 정권에 맞서 인권과 민주주의를 수호하는 중요한 역할을 했다. 1974년 '천주교 정의구현전국사제단'이 결성되었다. 사제단은 유신 체제와 전두환 군사 독재 정권이 벌이는 인권 탄압을 공개적으로 비판했다. 노동자, 농민, 빈민 등 사회적 약자의 권리를 대변하기 위해 다른 사회단체와 힘을 합쳤다. '김대중', '김영삼' 등 정치 지도자와 민주화 세력을 지지하며 독재 타도를 위한 정치 활동을 펼쳤다.

1979년 부마항쟁과 1980년 5·18 광주 민주화운동에서 천주교는 민중의 저항을 공개적으로 지지했다. 광주 민주화운동 당시 천주교 성직자들은 피해자 인권을 옹호하고 학살 진상을 국제사회에 알리는 데 힘썼다. 또한 1970~1980년대 천주교회는 인권을 탄압하는 부당한 사법 판결에 대해 적극적으로 저항했다. 부당한 조치로 감옥에 갇힌 사람들을 석방하라고 정부에 요구했다.

성직자들은 노동자들과 농민들이 겪는 문제를 세상에 알리고 해결 방법을 찾으려 했다. 성직자와 신자는 가난한 사람들이 사는 지역에서 의료, 교육, 주거 문제를 해결하기 위한 활동을 펼쳤다. 이런

1987년 6·10 대회 이후 명동성당에서 시위하는 사제단(천주교 정의구현사제단)

민주화 운동과 인권 운동에 참여함으로써 천주교는 국민의 신뢰를 얻었다. 1987년 6월 항쟁 당시 천주교회는 정권의 폭력적 진압을 비판하고, 국민의 민주화 요구를 지지하며 민주주의 회복을 위한 발판을 마련했다.

1990년대 이후 급격히 증가한 신자 수

1990년대 이후 한국 천주교회 신자 수는 급격하게 증가했다. 1995년 약 300만 명이었던 신자 수는 2020년대 약 600만 명에 이르며, 교구와 본당 수도 늘어났다. 양적으로는 성장했지만, 주일미사에 참석하는 신자 비율은 계속 감소했다. 전통적으로 중요한 신앙 활동인 고해성사 참여율도 신자 수가 늘어나는 만큼 늘지 않았다. 이는 교회가 외적 성장만큼 내적 신앙생활을 충실히 하지 못했음을 보여준다. 천주교회는 도시화와 세속화라는 또 다른 문제를 맞이했다. 빠르게 도시화되면서 농촌을 중심으로 한 전통적인 공동체는 무너지고 도시를 중심으로 한 개인 생활이 주를 이루게 되었다. 신앙 공동체 내부 결속은 약해지고, 젊은 세대는 종교에 관심이 덜했다. 신자라도 직접 종교 활동에 참여하는 비율은 줄었으며, 교회는 젊은 세대와 지속적인 관계를 맺는 데 어려움을 겪었다. 이런 문제로 천주교회는 신앙 교육과 종교적 참여를 강화하는 방법을 새롭게 고민하고 있다.

세계 교회와 연계하다

21세기에 들어 한국 천주교회는 세계 교회와 연계를 강화하며 국제적 위상을 높이는 데 주력했다. 이 결과 한국 천주교회는 단순히 지역 종교 공동체를 넘어 세계적 신앙 공동체로 자리 잡았다. 2014년 '프란치스코 교황' 방한은 한국 천주교회가 가진 국제적 영향력을 상징적으로 드러냈다. 한국 천주교회는 '세계 청년대회'와 같은 국제 행

우리나라를 방문한 교황

지금까지 교황은 우리나라를 세 번 방문했다. 첫 번째로 '요한 바오로 2세'는 1984년 5월 최초로 한국을 방문했다. 천주교 전래 200주년을 기념하는 방문이었다. 이때 순교자 103명을 '성인'으로 모셨다(시성). 요한 바오로 2세는 1989년 10월 다시 한 번 방문했다. 여기서 남과 북이 화해하기를 기원하는 연설을 했다. '프란치스코 교황'은 2014년 8월 한국을 방문했다. 이때 순교자 124명을 '복자'로 선포했다(시복). 교황은 방문할 때마다 한국 사회에 평화에 관한 중요한 메시지를 전했다. 또한 천주교회 성장과 발전에도 큰 영향을 끼쳤다.

사에 적극적으로 참여하며 글로벌 신앙 공동체와 유대를 강화했다. 국제 행사와 연계된 프로그램으로 한국 천주교회가 현대 세계가 지키는 보편적 가치인 평화, 정의, 화해를 실현하는 데 적극적으로 이바지하는 기반을 마련했다.

성직자, 역할이 변화하다

코로나로 인한 팬데믹은 천주교회에 변화를 불러왔다. 대면 예배가 제한되자 '온라인 미사'와 '디지털 사목' 활동이 활성화되었다. 성직자들은 유튜브와 소셜미디어를 활용해 신자들과 소통하며 신앙 교육과 상담을 진행했다. 디지털 사목은 신자들이 물리적 제약 속에서도 신앙을 지키도록 도왔다.

또한 성직자들은 사회적 대립과 긴장을 완화하고 공동체 회복에 이바지했다. 빈부격차, 세대 갈등, 정치적 대립과 같은 문제 속에서 교회는 대화와 협력을 촉진하며 통합과 평화를 이끌었다. 다문화 사회로 변화하면서 천주교회는 이주 노동자와 다문화 가정을 위한 사목 활동을 확대했다. 성직자들은 이민자들이 우리 사회에 적응할 수 있도록 지원하고. 외국어 미사와 문화 활동으로 글로벌 신앙 공동체를 이끄는 역할을 하고 있다.

● 개신교와 목사

감시와 억압이 강화되다

식민지 초기, 일제는 개신교를 민족적 성격이 강한 세력으로 인식하며 경계했다. 105인 사건을 조작해 기독교 지도자들을 탄압하고, 교회를 반일 세력으로 규정했다. 하지만 동시에 선교사들과 협력해 기독교를 통치 도구로 활용하려고 했다. 초대 통감 이토 히로부미는 선교사들에게 종교와 정치를 분리하라고 요구하며 우호적 관계를 유지했다. 그러면서 일본에서 만든 '일본조합교회'를 조선에 세워 조선 개신교를 통제하려 했다. 1914년에는 서양 선교사들도 일본법을 따르도록 했다. 1915년에는 기독교 통제 법령을 만들어 교회 설립과 집회를 억제하며 민족운동과 연계를 막으려 했다. 이후 조선총독부는

105인 사건

1911년 일제는 민족운동과 개신교를 탄압하기 위해 105인 사건을 조작했다. 조선총독부는 조선 총독 '데라우치 마사타케'를 암살하려 했다는 혐의로 '안명근'이라는 사람을 체포했다. 안명근은 고문과 협박을 받아 자백했지만, 직접적인 증거는 없었다. 이 자백을 토대로 '길선주', '이승훈' 등 주요 개신교 지도자를 포함한 총 105명을 체포하고, 이들 중 다수를 감옥에 가두었다.

개신교가 민족운동을 지원하지 못하도록 감시와 억압을 강화했다.

3·1운동에서 중요한 역할을 하다

3·1운동에서 개신교는 핵심적인 역할을 했다. 민족대표 33인 중 개신교 지도자는 16명이었고, 길선주, 이승훈, 양전백 등이 참여해 독립선언서를 낭독했다. 개신교는 교회를 중심으로 독립운동을 조직했다. 예배당은 독립선언서 배포와 만세 시위 거점이 되었다. 전국적으로 개신교 신자들이 지역 만세운동을 주도했고, 교회끼리 연락망을 활용해 만세운동을 전국에 퍼트렸다. 해외 선교 네트워크를 통해 국제 사회에 조선 독립을 알리기도 했다. 이 결과 3·1운동 이후 개신교 지도자들은 일제에 의해 체포되었고, 교회 활동은 감시와 탄압을 받았다.

왼쪽부터 길선주, 이승훈, 양전백

유화 정책으로 교회가 분열되다

3·1운동 이후 일제는 강경한 탄압이 효과적이지 않다고 판단해 1920년대부터 '문화 정치'라는 유화 정책을 시행했다. 개신교 학교 운영을 일부 허용하고, 교

1927년 2월 14일자 조선일보에 실린 신간회 창립식 모습

회의 자율성을 인정하는 모습을 보여 개신교를 달래려 했다. 그러나 이는 개신교를 일본 기독교 체제에 흡수하고, 민족주의적 색채를 없애려는 전략이었다. 개신교 내부에서는 생존을 위해 일제와 협력하려는 세력과 민족운동을 지속하려는 세력 사이에 갈등이 생겨났다. 일부는 교회가 살아남기 위해 총독부 정책을 따랐지만, 일부는 독립운동을 계속하며 저항했다. 또 다른 일부는 사회운동을 통해 간접적으로 저항하며 민족의식을 고취했다. 이들은 'YMCA'와 '신간회' 등을 중심으로 청년운동과 농촌 계몽운동을 전개하며 민족의식을 고취했다. 이러한 운동은 민중을 각성시키고 독립운동의 기반을 조성하는 데 이바지했다.

전시 체제에 돌입해 변화하다

1930년대 들어 일제는 조선을 전쟁 수행을 위한 동원 체제로 편입시키기 위해 강력한 동화 정책을 추진했다. 이에 따라 종교 통제도 강화되었다. 개신교를 포함한 모든 종교 단체가 '황국신민화 정책'에 따르도록 강요했다. 1935년부터 신사 참배를 국가 의례로 규정하고 이를 거부하는 교회를 탄압했다. 또한, 기독교 학교와 병원을 포함한 기관들도 총독부의 통제 아래 두려고 했다.

1939년에는 '종교 단체법'을 만들어 종교 단체를 만들고 종교 지도자를 임명할 때는 총독으로부터 허가받아야 했다. 또한 종교 지도자, 목회자가 되려면 일본어에 능통해야 했다. 이 시기 개신교는 민족운동 중심에서 점차 일제에 순응하는 형태로 변해 갔다. 일제에 저항하는 일부 목회자들은 감옥에 갇히거나 처형당하는 등 강한 탄압을 받았다.

신사 참배를 둘러싸고 갈등하다

개신교 또한 강제 신사 참배에 대해 순응과 저항으로 갈라졌다. 많은 교회가 생존을 위해 순응하는 길을 택했다. 친일 개신교 지도자들은 일제 정책을 지지하며 교회를 유지하려 했다. 1938년 '조선예수교 장로회' 총회는 신사 참배를 공식적으로 인정했다. 일부는 적극적으로 일본 제국에 협력하기도 했다. 반면, 신사 참배를 우상 숭배로 여겨 강하게 반대하는 교회와 목사도 있었다. '주기철 목사'는 신사 참배를 거부해 감옥에 갇혀 고문당한 후 목숨을 잃었다. 저항하는 교회의 지도자는 체포되고 교회는 문을 닫아야 했다. 직접 저항하지 않으면서도 신앙을 지키려고 노력하는 교회도 있었다. 신사 참배 문제는 개신교 내부를 갈라놓았다. 이 결과는 해방 이후까지 큰 갈등으로 이어졌다.

주기철 목사(1897~1944)

일제강점기 신사 참배를 거부하다 순교한 대표적인 목회자이다. 1897년 경상남도 창원에서 태어나 평양 '조선예수교장로회신학교'를 마치고 목사가 되었다. 평양과 마산 등 교회에서 목회자로 활동했다. 그는 신사 참배를 하나님이 주신 계명에 반하는 '우상 숭배'이며, 신사 참배 강요는 개인 신앙과 양심을 억압하는 일이라고 강력히 비난하고 반대했다. 이 때문에 네 차례나 체포되고, 1940년 네 번째로 체포된 후 1944년 옥중에서 숨을 거두었다.

주기철 목사

여성 개신교 지도자들의 활약

조선 말기부터 일제강점기까지 여성 종교 지도자들은 교육과 선교, 사회봉사를 통해 개신교와 민족운동에 크게 이바지했다. 그러나 당시 남성 중심 교회 구조 속에서 공식적인 목사가 되지 못하고 전도사나 교사로 활동했다. 이들은 교회에서 여성 신자들을 가르치고, 복음을 전하며, 의료와 교육 분야에서도 선구적

김마리아

인 역할을 했다. 대표적 여성 개신교 지도자로는 '박에스더', '김마리아', '전밀라'를 들 수 있다. 박에스더는 우리나라 최초 여의사이자 여성 의료선교사로서 큰 업적을 남겼다. 김마리아는 이화학당 교사이자 독립운동가로서 3·1운동에 참여했다. 전밀라는 한국인 최초로 여성 목사로 안수를 받았고, '평양 여자성경학원'에서 여성들을 교육하며 여성 신앙교육에 헌신했다. 이처럼 여성 개신교 지도자들은 신앙과 사회적 사명을 실천하며 개신교 발전에 중요한 역할을 담당했다.

일제강점기 목사가 되려면

목사가 되기 위해서는 주로 선교사들이 설립한 신학교에서 공부해야 했다. 신학교에서는 성경, 신학, 목회학뿐만 아니라 서구 근대 학

문과 사상도 가르쳤다. 여기서 목회자들은 종교 지식뿐만 아니라 근대 가치와 지식을 습득했다. 이 지식과 경험은 이후 그들이 사회 지도자로서 활동하는 데 큰 영향을 미쳤다. 목사들은 단순한 종교 지도자를 넘어 교육자, 사회 개혁가, 그리고 민족운동 지도자로서 활동했다. 그들은 학교와 병원을 설립하고 운영해 사회적으로 신뢰를 얻었다. 또한, 3·1운동과 같은 민족운동에 적극적으로 참여하여 독립과 민족의식을 드높이는 데 이바지했다. 이러한 활동을 통해 목사들은 사회적 지도자로서 지위를 세우고, 많은 사람에게서 존경과 신뢰를 받았다. 그러나 일제가 강압 정책을 내세우자 일부 목사들은 일제에 순응하거나 협력하기도 했다.

한국 개신교, 되살아나다

해방 후 한국 개신교는 교회와 교단을 다시 세우는 일에 집중했다. 일제강점기 말 일본이 강제로 기독교 단체를 통합해 만든 '조선기독교단'이 해체되었다. '대한예수교장로회', '기독교대한감리회'와 같은 '장로교'와 '감리교' 교단이 다시 등장했다. 개신교 교단 연합체인 '한국기독교교회협의회'도 다시 만들어졌다. '대한성서공회', '대한개신교서회' 등을 만들어 성경 보급과 교육 활동에 힘썼다. '기독교 공보' 같은 개신교 신문도 새로 나왔다. 신사 참배를 거부하고 투옥되었던 목회자들도 풀려나 활동을 시작했다. 하지만 이들과 일제에 협력한 교회와 목회자 사이에는 갈등이 있었다. 신사 참배에 반대한 목회자는 '고려신학교'를 세웠다. 결국 1952년 고려신학교를 중심으로 한 신사 참배 반대 목회자와 교인들은 따로 '대한예수교장로회(고신)'을 만들었다.

국가 재건에 참여하다

개신교는 종교 활동을 넘어 국가 재건에도 참여했다. '독립촉성중앙협의회'와 '대한독립촉성국민회'에서 활동하며 정부 수립에 힘을 보탰다. 이승만, 김구, 김규식 등 중요한 정치 지도자들은 개신교인이었다. 특히 이승만은 개신교의 강력한 지지를 받았다.

개신교는 미군정과 협력하며 교육과 행정 분야에서도 영향력을 끼쳤다. 1945년 제2차 세계 대전이 끝난 뒤 식민지였던 한국을 어떻게 통치할 것인지 논의했던 모스크바 삼상 회의에서 한국을 신탁 통치 하겠다는 계획이 전해지자 이를 반대하는 운동이 펼쳐졌다. 개신교는 신탁 통치 반대운동에 앞장섰다. 반공주의와 자유민주주의를 강조하며 국민을 설득했다. 많은 교회가 신탁 통치 반대운동의 중심지가 되었다. 한국 개신교는 미국과 관계를 강화하고 반공주의와 결합하면서 정치적으로 보수적인 색채를 띠게 되었다.

한국전쟁과 개신교

한국전쟁 이전부터 개신교는 강한 반공 성향을 보였다. 북한에 공산 정권이 들어서면서 교회가 탄압받았기 때문이다. 많은 개신교인이 남한으로 피난했다. 이들은 남한에서 개신교가 가진 반공 성향을 더욱 강화하는 역할을 했다. 또한 남한 개신교계는 반공 이념을 강조하며 우익 정권과 협력했다.

1961년 당시 서울시청에 방문한 기독교세계봉사회 사무총장 밀러(서울기록원)

전쟁이 발발하자 개신교는 피난민 구호와 전쟁 피해 복구에 앞장섰다. 미국과 서구 개신교 단체들은 대규모 구호 활동을 펼쳤다. '기독교세계봉사회', '감리교선교회', '캐나다연합교회선교회'등은 구호물자를 제공하고, 피난민을 돕고, 교회를 다시 세우는 데 힘썼다.

반공 이념을 강화하다

개신교 목회자들은 피난민 지원과 교회 재건을 주도했다. 일부 목회자는 군대에서 목사로 복무(군목)하며 전쟁 중인 군인들을 위로했다. 또한, 반공주의를 강조하며 북한 공산주의의 위협을 알리는 설교를 지속했다. 이는 개신교의 반공 성향을 더욱 강화하는 계기가 되었다. 전쟁이 끝난 후 개신교는 한국 사회에서 더욱 강한 영향력을 행사하게 되었다. 서구 개신교 단체들의 지원을 받은 교회들은 빠르게 성장했다. 개신교 지도자들은 반공 이데올로기를 바탕으로 정부와 협력하며 정치적 입지를 확대했다.

급성장한 개신교

한국전쟁은 사회적 불안과 극심한 빈곤을 초래했다. 수많은 사람이 가족과 생계를 잃고 절망에 빠졌다. 이들은 종교에서 위로와 희망을 찾았다. 개신교교회들은 전쟁 난민과 피난민을 적극적으로 받아들였다. 서구 개신교 선교 단체들로부터 지원받으면서 세력을 키웠다. 전쟁 후 개신교 신앙은 급격히 복을 비는 형태로 변했다. 신도들은 가난과 불안에서 벗어나기 위해 신앙을 통해 물질적 축복과 치유를 기대했기 때문이다. 여러 사람이 모인 기도 모임인 '부흥회'가 열렸다. 배운 적 없는 외국어나 뜻을 알 수 없는 말로 이야기하는 '방언', 신의 힘으로 병을 치료한다는 '신유', 기적을 강조하는 신앙 형태가 자리 잡았다. 전통적인 교회 목사보다 대형 부흥회와 전도 집회를 통해 사람들을 끌어 모으는 설교자가 인기를 끌었다.

반공주의와 결합하다

1960년대 박정희 군사 정권이 들어서면서 개신교는 강한 반공주의를 내세워 정부와 밀착했다. 반공이 국가 이념이 되면서 개신교는 이를 적극적으로 받아들였다. 교회 내에서도 반공 설교와 교육을 강조했다. 개신교 목회자들은 반공을 강조하는 국가조찬기도회, 반공 성회 등을 개최하며 정권에 협력했다.

경제 개발과 함께 개신교도 빠르게 성장했다. 도시화가 진행되면서 시골에서 올라온 사람들이 대도시 교회에 몰렸고, 이를 기반으로 대형 교회가 등장했다. 교회들은 신도 수 증가를 성장의 척도로 삼았고, 교세 확장을 위해 치열하게 경쟁했다. 교회 성장주의가 확산하면서 예배당을 크게 짓고, 대규모 부흥회를 개최하며 신도 수를 늘리는 데 집중했다.

군사 정권은 개신교 지도자들을 이용해 정권의 정당성을 확보하려 했다. 이에 따라 일부 보수적 교회 지도자들은 정부를 지지하는 발언을 하며 정치에 개입했다. 개신교 지도자들은 정권과 협력하는 방식으로 사회적 영향력을 키워나갔다.

목사, 행정가 역할을 하다

교회 규모가 커지면서 대형 교회 목사들은 영적 지도자 역할 외에도 조직 운영과 행정을 담당하는 관리자 역할을 해야 했다. 대형 교회

담임목사는 막강한 영향력을 갖게 되었다. 때로 교회 운영에 회사 경영 방법을 도입하기도 했다. 기존 교회에서 사역하는 담임목사와는 별개로 전국을 다니며 부흥회를 여는 '부흥사(순회 설교자)'가 중요해졌다. 부흥사들은 대형 부흥회에서 신유와 축복을 강조하는 설교로 인기를 끌었다. 많은 신도를 확보한 목회자들은 대형 교회를 세우며 한국 개신교 성장을 이끌었다.

늦봄 문익환 목사

'문익환'(1918~1994)은 통일운동가, 사회운동가, 시인이자 한국기독교장로회 목사이다. 1918년 만주에서 태어나, 1947년 목사가 되었다. 1976년 민주화운동에 투신했으며, 통일운동에서 앞장서 1989년에는 북한을 방문했다. 그는 통일 없이는 민주화도 없다는 신념을 가졌다. 민주화운동과 통일운동에 앞장선 그를 정권은 가만두지 않았다. 18년 동안 6차례 수감되어 총 10년 3개월을 감옥에서 보냈다. 그는

젊은 시절 문익환의 모습(뒷줄 가운데) 맨 우측은 윤동주 시인

1994년 세상을 떠날 때까지 통일과 민주화를 위해 헌신했다.

민주주의와 인권을 위해 싸우다

1970년대 들어 개신교 내부에 군사 독재에 반대하는 세력이 등장했다. '한국기독교교회협의회'와 일부 개신교 지도자들은 민주화운동에 참여하며 박정희 정권과 유신 체제에 저항했다. '김재준 목사', '문익환 목사' 등은 독재 정권에 맞서며 민주화운동을 이끌었다. 이들은 종교 지도자를 넘어 사회 지도자가 되었다.

개신교계 일부 단체들은 노동자, 빈민, 농민의 인권을 보호하는 운동을 했다. 개신교는 단순한 종교 활동을 넘어 사회 정의를 실현하려 했다. 하지만 민주화운동이 격화되면서 개신교 내에서 보수와 진보가 나뉘었다. 일부 교회는 군사 정권과 협력하며 성장했고, 다른 한편에서는 인권과 민주화운동에 앞장섰다.

대형 교회가 성장하고, 개인주의가 확산하다

1990년대 이후 한국 개신교는 대형 교회를 중심으로 성장했다. 교인 수가 많은 교회의 사회 영향력이 커졌다. 대형 교회의 목사는 단순한 신앙 지도자가 아니라 기업 경영자처럼 교회 확장을 주도했다. 1987년 민주화 이후 개신교는 점차 보수화되었다. 개신교 내부에서도 개혁을 요구하는 목소리가 커졌지만, 대형 교회가 힘이 세지고, 교단 내 보수 세력이 강화되어 개혁은 어려웠다.

1990년대 이후 신자들은 개인 신앙을 강조하며 종교 활동에서 점차 멀어졌다. 신자 수는 늘지 않고 오히려 줄어들었다. 사회 변화에 따라 젊은 세대는 교회에서 멀어졌다. 신앙이 개인화되면서 목사가 가진 권위도 약해졌다. 목회 스타일도 달라졌다. 설교 중심에서 상담, 치유, 소그룹 활동을 강조하는 목회가 늘어났다.

여성 목회자가 등장하다

개신교 초기 여성은 '전도 부인Bible Woman'으로 활동하며 성경 교육과 전도를 담당했다. 여성들은 교회 성장에 중요한 역할을 했지만, 공식적인 목회자로 인정받지 못하고 보조적인 역할에 머물렀다. 개신교에서 여성 목사를 인정한 시기는 교단마다 다르다. 감리교는 1930년대부터 여성을 목사로 임명했다. 하지만 장로교를 비롯한 주요 보수 교단들은 1990년대 이후에야 인정하기 시작했다. 이제 대부분 교단에서 여성 목사 안수를 공식적으로 허용해 여성 목회자들이 다양한 분야에서 활약하고 있다. 그러나 여전히 많은 교회 조직에서 여성 목회자 차별이 사라지지 않았다. 여성 목회자가 교회 내에서 동등한 기회를 얻기 위해서는 권위적이고 남성 중심인 교회 조직 문화 자체가 변화해야 한다.

해결해야 할 문제가 쌓이다

개신교에 대해 나쁘게 생각하고 반감을 보이는 사회 분위기도 생졌다. 이런 분위기는 2000년대 이후 점차 퍼져나갔다. 특히 2007년 아프가니스탄 지역에 선교를 떠났다가 납치당하는 사건을 계기로 개신교 해외 선교 방식과 사회적 책임이 논란이 되었다. 개신교는 교세 확장을 위해 선교 활동을 펼치는 과정에서 다른 종교와 갈등을 빚어 반감을 키우기도 했다. 또한 일부 개신교 세력은 보수적 정치 활동에 개입하며 반공주의, 동성애 반대, 차별금지법 반대 등을 내세워 극우 성향을 강화했다. 이런 정치적 개입이 개신교를 특정 정치 세력과 동일시하게 만들고 젊은 층과 진보적 시민사회로부터 반감을 키웠다. 대형 교회를 자식에게 물려주고, 부정부패와 관련된 비리 등이 사회 문제로 불거지면서 신뢰가 크게 떨어졌다. 이런 문제를 풀기 위해 일부 교회는 개혁을 추진하며 투명한 교회 운영과 사회적 책임 강화를 시도하고 있다. 기존 교회와 다른 소규모 공동체 교회가 등장하여 권위적 교회 구조에 도전하고 있다. 젊은 층과의 소통을 위해 정해진 형식에 얽매이지 않는 열린 예배와 온라인 예배도 도입되고 있다. 한국 개신교는 변화하는 사회 속에서 신뢰를 회복하고, 종교 본연의 역할을 찾기 위한 과제에 대응하는 중이다.

오늘날과 미래의
성직자

오늘날 과학 기술의 발전과 산업화로 종교는 이전과 같은 영향력을 발휘하지는 못하고 있다. 그 대신 여전히 불안정한 세상을 살아가는 개인에게 삶의 의미와 위안이 되어주고 있다. 오늘날 종교는 현대 사회의 다양한 문제들에 연대하며 새로운 역할을 탐색하고 있다. 성직자들은 환경 문제, 사회 갈등 해결, 인권 보호 등 다양한 사회 활동 분야에서 활약하며 두각을 나타내고 있다.

이 장에서는 주요 종교별 성직자가 되기 위해 필요한 자질과 성직자가 될 수 있는 방법을 살펴본다. 아울러 변화하는 사회에 대응하는 종교계의 노력을 알아본다.

오늘날의 성직자

● 오늘날 한국 불교와 승려

불교 종단

2018년 기준 우리나라에는 총 482개 불교 종단이 있다(2018년 한국의 종교 현황, 문화체육관광부). 이 중 아래와 같은 주요 종단이 있다.

대한불교조계종

한국 최대 불교 종단으로 1962년 통합종단으로 성립되었다. 전국 25개 교구본사와 3천여 개 사찰을 보유하며, 전통적인 수행과 포교 활동을 이어간다. 템플스테이, 불교 문화재 보호, 사회복지, 남북 교류, 국제교류 등 다양한 사회 활동을 한다.

한국불교태고종

1970년 탄생한 종단으로, 전통 선종 계열 수행법을 계승하며 대처승 제도를 운영한다. 태고종중앙복지재단을 설립하여 사회복지 사업을 하며, 문화재 보존 및 전승, 태고문화축제 등을 통해 불교 전통을 계승한다.

대한불교천태종

1966년 충북 단양 구인사를 총본산으로 수립되었다. 신도와 승려가 함께 수행한다. 전국적으로 400여 개의 사찰을 운영하며, 교육, 사회복지, 남북 교류 등 다양한 활동을 한다.

대한불교진각종

1947년 창립한 밀교 종단이다. 진언 수행을 강조하며 현대적 교단 체계를 갖추고 있다. 위덕대학교, 진선여자중·고등학교 등 교육기관을 운영하며, 스리랑카·네팔 등 해외 NGO 활동을 포함한 사회복지 사업을 활발히 수행한다.

대한불교관음종

1989년 탄생한 종단으로, 관음신앙을 중심으로 포교한다. 사찰 230여 개를 운영하며, 불교문화 보존 및 사회봉사 활동을 수행한다. 일본 강제노역 희생자 유해 봉환 및 추모 사업을 진행하며, 국제적 불교 교류 활동도 활발히 추진한다.

불교총지종

1972년 창립된 밀교 계통 종단이다. 진언 수행과 재가자 중심으로 포교 활동을 한다. 밀교 수행 연구를 위해 '법장원'을 운영하며, 동해 중학교와 사회복지법인을 운영하는 등 교육과 복지 사업을 적극적으로 추진한다.

대한불교대각종

1996년 탄생했으며 충남 부여 미암사를 중심으로 활동한다. 백제 문화제에서 수륙대재 및 삼천궁녀 진혼제를 주관하는 등 지역 불교 문화를 활성화하는 역할을 한다. 대각불교 교양대학, 불교연구소 등을 운영하며 교세 확장에 노력하고 있다.

한국불교종단협의회

1967년 창립된 불교 종단 연합체로, 현재 29개 종단이 참여하고 있다. 불교계 연합행사를 주관하고, 남북 불교 교류, 국제 포교 활동을 추진하며, 종단 간 협력을 강화하는 역할을 한다.

승려가 하는 일

종교 의식 집행

승려는 법회, 예불, 기도, 고인의 혼을 극락으로 인도하는 천도재나 수륙재 등을 집전한다. 명절이나 특별한 기념일에 대규모 법회를 개최한다. 이 의식과 행사는 종파나 전통에 따라 다르게 진행된다.

교리 해설 및 설교

승려는 부처님 가르침과 불교 교리를 쉽게 설명한다. 경전 내용을 현대 상황에 맞게 해석해 전달한다. 법문을 통해 신자들이 올바른 수행과 삶의 방향을 찾게 돕는다. 강연, 출판, 방송 등 다양한 미디어를 활용해 불교 메시지를 전파한다.

사찰 관리 및 운영

사찰에는 법당, 요사채, 전각 등 여러 시설이 있다. 승려는 다른 이들과 협력해 건물과 시설을 유지하고 관리한다. 또한 신도 조직과 재정을 운영한다. 법회와 각종 행사를 기획하고 실행한다.

수행

승려는 독경, 참선, 절 수행, 염불 등 여러 수행법을 실천한다. 참선 수련할 때 사용하는 '선방'이나 산중에서 수행한다. 수행을 통해 얻은 깨달음을 신자들에게 전한다.

상담 및 지도

승려는 신자들이 겪는 어려움이나 윤리적, 종교적 고민에 대해 상담한다. 법문이나 그룹 토론 등의 방식으로 지도한다. 불교 가치관에 따라 올바른 선택을 하게 돕고 마음이 평온을 찾도록 이끈다.

교육 활동

불교 교육기관에서 학생과 신자들에게 교리와 수행법을 가르친다. 교도소, 경찰서, 군대 등에서 법회를 열거나 상담 활동을 진행한다.

종단 업무

중앙 종단이나 본사에서 포교사 양성, 경전 번역, 조직 운영, 인사와 재정 관리를 수행한다. 승가의 계율과 공동체 단결을 유지한다.

승려의 여러 직분

수행 관련

'선사'는 참선 수행을 체계적으로 지도하고, 수행 승려들에게 올바른 수행 방법과 태도를 전수하며, 개개인의 내면 깨달음을 위해 모범적인 수행 생활을 끌어낸다. '율사'는 불교 계율을 깊이 있게 연구하고, 후배 승려들에게 계율을 체계적으로 전수하며, 수계식 및 관련 의식을 주관하여 승가 내 질서와 규율을 올바르게 유지한다. '강사'는 불교 교리와 경전 내용을 심도 있게 연구하고, 이를 현대 사회에 맞게 해석한다. 또한 강의를 통해 신자와 수행자들에게 불교 진리의 본질과 실천 방법을 전달한다.

사찰 운영 및 행정 관련

'주지'는 개별 사찰의 전반적 운영을 책임지고, 정기적으로 법회를 주관하며 신도 관리, 재정 운영, 시설 유지 등 행정 업무를 수행한다. '방장'은 대형 사찰이나 선원의 지도자로서 수행 지도를 총괄한다, 승려 일상생활과 수행 규율을 철저히 관리하여 공동체의 단합과 발전을 이끄는 역할을 한다. '감원'은 사찰 내 행정 업무와 승려 생활, 수행 규율을 감독하고, 문제 발생 시 신속하게 개선하여 질서 유지와 효율적인 운영을 지원한다.

포교 및 교육

불교 교리와 경전 내용을 일반 대중에게 쉽게 전달하기 위해 법문 설법과 상담 활동을 진행하는 승려가 '포교사'이다. '법사'는 정기적으로 법회를 주관하고, 경전과 불교 교리를 심도 있게 해석하여 설법하며, 신자들에게 불교의 근본 원리와 실천 지침을 제시한다. '교무'

는 불교 교육기관에서 교육 과정을 기획하고, 불교 교리와 수행법을 체계적으로 강의하며, 교육 프로그램을 운영한다.

종단 행정 및 지도

종단마다 '종회'가 있다, 종회는 '국회'처럼 종단 내 주요 정책과 운영 방향을 결정하는 의결 기구이다. 승려는 '종회의원'이 되어 종단 주요 정책과 운영 방향을 결정할 수 있다. 종단 행정 전반을 총괄하며, 정책 집행, 재정 운영, 인사 조정 등을 책임지고, 종단의 안정적 운영과 발전을 위해 전략적 결정을 내리는 최고 행정책임자가 '총무원장'이다. '종정'은 종단 최고 어른으로 오랜 수행 경력과 높은 덕망을 가진 승려가 맡는다. 종정은 승가 질서를 유지하고, 신도들에게 불교의 근본 원리와 가르침을 전달하여 종단이 영적으로 발전하도록 이끈다.

불교와 관련된 여러 직업

사찰 운영 및 행정직

각 사찰 살림이나 행사, 의식 등을 기획하고 관리하는 행정 업무를 보는 사람이다. 승려나 방문객을 위한 식사 준비, 사찰 시설 유지 관리, 시주 및 기부금 관리 등 다양한 업무를 담당한다.

불교 교육 및 연구직

신자와 일반인에게 불교 교리를 가르치고, 전문적으로 교리를 전파하거나, 대학이나 연구소에서 불교 관련 학문을 연구한다.

불교 문화 및 예술 관련직

탱화, 단청 등 불교 관련 미술품을 제작하고, 불상을 조각하는 불교 미술가, 불교 의식에서 사용하는 음악인 범패 전문가, 승무를 전문으로 하는 무용가 등이다.

사찰 관련 서비스직

관광객이나 템플 스테이 신청자를 대상으로 사찰을 해설해 주거나, 각종 불교 체험 프로그램을 기획하고 운영한다. 전통 차 마시는 법(다도), 사찰 음식 만드는 법을 가르치는 전문가도 있다.

불교 승려가 갖춰야 하는 자질

깊은 신앙심과 헌신

부처님의 가르침에 대한 깊은 믿음과 헌신이 필수적이다. 단순한 믿음을 넘어 부처님의 가르침을 이해하고 실천하려는 지혜도 있어야 한다.

수행과 계율 준수

매일 명상과 경전 공부를 꾸준히 수행하며, 불교의 계율과 규범을 철저히 지키는 자세가 필요하다. 이를 통해 깨달음을 추구하는 태도를 갖추어야 한다.

자비와 겸손

모든 생명에 대해 자비심을 가지고, 겸손한 태도로 타인과 조화를 이루는 능력이 중요하다. 이는 승려로서 타인과 관계를 원만하게 유지하고, 사회에 좋은 영향을 미치는 데 필수적이다.

인내와 끈기

수행 과정에서 마주치는 고난과 시련을 이겨내기 위한 강한 인내심과 끈기가 필요하다. 승려는 꾸준한 수양과 성장을 위해 끊임없이 노력해야 한다.

학문적 탐구심

불교 경전과 교리를 깊이 있게 탐구하고 이해하려는 학문적 열정이 필요하다.

열린 마음

다양한 견해와 경험을 포용할 수 있는 열린 마음이 중요하다. 불교가 전하는 가르침을 현대 사회에 적용하고, 다양한 사람들과 소통하는 데 필수적이다.

자기 성찰

스스로 끊임없이 성찰하고, 자기 내면을 들여다보는 능력이 있어야 한다. 자기 자신을 이해하고, 약점을 인정해야만 계속 성장할 수 있다.

사회적 책임감

승려는 단순히 개인의 깨달음을 추구하는 것을 넘어, 사회에 관한 책임감을 느끼고 봉사와 나눔을 실천해야 한다.

정신적 안정과 신체적 건강

수행 과정에서 마주치는 다양한 어려움을 극복하기 위해 정신적 안정과 평정심을 유지하는 능력이 중요하다. 또한 수행과 일상생활을 무리 없이 하려면 늘 신체적 건강을 유지해야 한다.

● 오늘날 한국 천주교와 사제

교계 제도에 따른 사제 직위와 조직

천주교 사제

천주교에는 '교계hierarchy'라는 구조가 있다. 교계에 따라 사제 직위를 나누고, 역할과 책임, 의무를 정한다. 교계 제도 제일 위에는 '교황Pope'이 있다. 교황은 전체 천주교회를 대표한다. 교리 등 신학적 문제, 교회법과 규칙에 대한 문제 등을 최종적으로 결정한다. 교황은 사도 베드로의 후계자이며, 로마 교구 주교이고, 동시에 바티칸 시국 국가원수이기도 하다. '주교bishop'는 열두 사제의 후계자로 교황이 임명한다. 이들은 각 지역 교회를 다스린다. 담당 지역에서 신자 공동체를 돌보고, 성사와 의식을 주관한다. 그 지역에 속한 사제와 부제를 감독하고 교육한다. '사제Priest'는 주교를 돕는다. 지역 성당을 맡아 신자를 지도하고, 성사를 거행한다. 미사와 의례도 주관한다. '부제 Assistant Priest'는 사제를 돕는다. 말씀을 전하고(설교), 세례성사와 혼인성사를 집행할 수 있다. 우리나라에서는 사제가 되기 전에 거치는 단계이다.

교구와 본당

천주교회 기본 단위는 '교구'다. 교구는 주교가 책임지고 관리하는 지역 교회 공동체이다. 교구는 원칙적으로 독립적이다. 각 교구 주교는 교구 살림, 교구 내 사제 임명과 사목 계획 수립 및 실행, 교구 내에서 통하는 규칙을 만드는 권한을 가진다. 하지만 교리나 교회법에 관한 중요한 결정은 교황청으로부터 승인받아야 한다.

교구 중 규모가 크거나 역사적 의미가 깊은 교구를 '대교구'로 삼는다. 대교구를 책임진 주교를 '대주교'라 한다. 대주교라고 해서 다른 교구를 맡은 주교보다 더 권한이 크지는 않다. 교구 또는 대교구 내에는 좀 더 작은 지역(대개 동 단위)을 담당하는 '본당'이 있다. 본당을 흔히 '성당'이라고 부른다. 본당은 '주임 신부'가 책임지며, '보좌 신부'가 돕는다. 신자가 어떤 성당에 다닌다고 하면 그 본당 천주교 공동체

본당, 교구, 대교구, 관구

천주교 신자는 보통 자신이 거주하는 지역 본당에 소속을 둔다. 만일 어떤 신자가 '고양시 덕양구 중앙로 439'에 산다고 하자. 이 지역 본당은 '마두동 성당'이다. 마두동 성당은 의정부 교구에 속한다. 마두동 성당은 주임 신부가, 의정부 교구는 주교가 책임진다. 의정부 교구 주교좌성당은 '의정부 성당'이다.

의정부 교구는 서울 관구 소속이다. 서울 관구에는 의정부 교구뿐 아니라 서울 대교구, 춘천 교구, 대전 교구, 인천 교구, 수원 교구, 원주 교구가 있다. 서울 관구장은 서울대교구장인 대주교가 담당한다. 서울 대교구 주교좌성당은 '명동성당'이다.

에 속한다는 뜻이다.

관리를 위해 몇 개 교구를 하나로 묶어 '관구'라 한다. 대부분 대교구를 중심으로 몇 개 교구를 묶는다. 관구를 대표하는 '관구장'은 그 관구 소속 대주교가 맡는다. 교구장인 주교는 대개 특정 성당을 정해 그곳에 머무른다. 주교가 머무르는 성당에는 특별히 주교만 앉을 수 있는 좌석인 '주교좌'가 있다. 이 성당을 '주교좌 성당'이라 한다.

교황을 보좌하는 추기경

추기경은 교황 다음가는 고위 성직자로 교황이 직접 임명한다. 추기경은 교황 최측근으로 교황을 보좌하는 역할을 한다. 또한 교황청 각 부서 장관이나 위원장을 맡기도 하고, 세계 각국 교구를 담당하기도 한다. 추기경이 되면 바티칸 국적을 얻게 되고, 평생 직무를 수행한다. 추기경에도 주교급 추기경, 사제급 추기경, 부제급 추기경이 있다. 주교급 추기경은 로마 관구 소속 교구 교구장으로 이름을 올린다. 사제급 추기경은 로마 주요 성당 사제로 이름을 올리고 부제급 추기경도 로마 교구 내 특정 성당에 이름을 올린다. 이는 옛날부터 내려온 관습으로 상징적인 의미이다. 주교급 추기경은 교황청에서 중요한 직책을 맡거나, 전 세계 천주교회 행정 및 의사결정 과정에서 핵심적인 역할을 한다. 사제급 추기경은 대개 세계 각지 교구를 담당하는 교구장이다. 부제급 추기경은 주로 바티칸 교황청에서 실제 업무를 담당한다. 우리나라에는 현재 사제급 추기경인 '염수정 추기경'과 부제급 추기경인 '유흥식 추기경'이 있다. 80세 미만 추기경에게 교황 선출권이 있다. 교황이 세상을 떠나면(선종) 선출 자격을 가진 추기경이 모여 새로운 교황을 뽑는다. 이를 '콘클라베'라 한다.

사제가 하는 일

사제는 하느님 말씀을 전하는 교역자로, 각종 의식과 예식을 주관하고, 천주교 신자 공동체를 지도한다.

미사 집전과 성사 집행

천주교에서 미사는 가장 중요한 종교 의식이다. 사제는 하느님의 은총을 전달하는 성사 집행자로서, 미사를 집전하고 성체성사를 거행한다. 고해성사를 통해 영적 치유를 돕고, 병자성사로 고통 받는 이들을 위로한다. 또한 세례성사로 새로운 신자를 맞이하며, 견진성사*로 신앙을 굳건히 한다. 혼인성사를 통해 새로운 가정의 탄생을 축복하고, 성품성사에서는 주교를 보좌한다.

* 견진성사는 원칙적으로 주교가 집전한다. 특별한 경우 주교로부터 권한을 위임받은 사제도 집전할 수 있다.

교황이 선종하거나 사임하면 새 교황을 뽑는 비밀 투표를 한다. 이론적으로 모든 남성 성직자는 교황 후보가 될 수 있지만, 관례에 따라 추기경 중에서 선출한다. 한 후보가 3분의 2 이상 득표를 얻을 때까지 투표를 반복한다. 만약 30번 투표 후에도 당선자가 나오지 않으면, 최다 득표자 두 명을 대상으로 결선 투표를 진행하고, 이때는 과반수 득표로 당선자가 결정된다. 선출된 추기경이 교황직을 수락하면 새 교황 이름을 정한다(예: 프란치스코, 베네딕토 등). 투표 결과를 시스티나 성당 굴뚝 연기 색으로 알린다. 새 교황이 선출되면 흰 연기를, 아직 결정되지 않았으면 검은 연기를 뿜는다.

콘클라베가 열리는 시스티나 성당 ⓒMaus-Trauden on de

말씀 선포

사제는 미사 중 '말씀 전례'를 통해 하느님의 말씀을 해석하여 전달한다. 또한 개별 신자들이 영적으로 성장하도록 돕기 위해 상담하고 지도한다.

사목 활동

'사목 pastoral ministry'이란 교회가 세상과 맺는 모든 관계를 뜻한다. 사제는 신자들과 기쁨이나 슬픔을 나누고, 신자들에게 필요한 영적, 정서적 사항을 돌본다. 공동체 활동을 조직하고 지원하여 신자들 사이 유대를 강화하고, 병원이나 교도소 등을 찾아 소외된 이들을 보살핀다.

행정 및 관리

사제는 본당에 관한 행정 업무를 본다. 성당 살림을 꾸리고, 건물이나 시설을 관리하고, 다양한 프로그램을 계획하고 운영한다. 교구 단위에서 진행하는 업무나 특별한 활동을 지원하기도 한다.

영성 생활

사제는 신자들을 위해 매일 기도한다. 또한 자신이 영적으로 성장하기 위해 꾸준히 기도하고 묵상한다. 신자들과 함께하는 다양한 기도 모임을 이끈다.

사회봉사와 선교

사제는 가난하고 소외된 이들을 돕고 사회적 약자의 권리를 옹호하는 역할을 한다. 또한 복음을 전파하고 새로운 신자들을 교회로 인도하는 선교 활동을 수행한다.

수도회와 수도자

수도회

'수도회'는 천주교회에서 하느님께 삶을 바친 이들로 이루어진 공동체로 교회법에 따라 공식적으로 인정받은 단체다. 수도회마다 고유한 규칙과 정신, 사명이 있다. 어떤 수도회는 기도하고 묵상하며 영적 성장을 하는 데 중점을 둔다. 다른 수도회는 교육, 의료, 선교, 사회 복지 등 다양한 분야에서 적극적으로 활동한다.

대표 수도회

6세기 수립된 '베네딕도회'는 공동체 생활과 노동, 기도에 집중했다. 13세기 만들어진 '프란치스코회'는 가난한 이들을 돌보는 등 사회 봉사 활동을 벌였다. 비슷한 시기 등장한 '도미니코회'는 교육과 신학 연구, 설교를 중시했다. 16세기부터 활동한 '예수회'는 '하느님의 더 큰 영광을 위하여'를 신조로 삼고 전 세계 선교 활동에 중요한 역할을 했다. 이 외에도 기도와 묵상, 영성 지도를 주로 하는 '가르멜 수도회', 청소년 교육과 복지를 강조하는 '살레시오회' 등이 유명하다.

수도자, 수사와 수녀

수도회에 들어가 하느님께 삶을 바치며 세속을 떠나 공동체에서 신앙생활을 하는 사람을 '수도자'라 한다. 남성을 '수사(혹은 수도사)', 여성을 수녀라 한다. 수도자가 되려면 먼저 수도회에서 요구하는 수련을 받아야 한다. 수련 기간에는 수도자 양성과 관계없는 일은 할 수 없다. 수련을 마친 수도자는 '청빈', '정결', '순명'을 맹세(서원이라 한다)한다. 처음에는 서원을 지키는 기간을 정해 둔다. 이를 '유기 서원'이라 한다. 유기 서원 기간이 끝난 후에는 평생 수도회의 목적과 정신을 따르겠다는 '종신 서원'을 할 수 있다. 서원을 마친 수도자는 엄격한 규칙을 지키며 기도와 묵상하며 영적 성장을 추구한다. 또한 각 단체가 내세우는 목적에 맞는 선교, 교육, 의료, 봉사 등 활동에 힘을 기울인다. 이들은 서로를 '형제', 또는 '자매'라 부른다. 수도자는 검소한 수도복을 입고, 절제된 음식을 먹으며, 모든 재물을 공동으로 나눈다.

수도자와 사제

천주교회 법에 따르면 수사와 수녀는 사제가 아닌 평신도이다. 하느님께 자신을 바친 이들이지만 성품성사를 받지 않은 수도자는 성사를 집행할 수 없다. 수도자는 평신도로서 기도와 봉사를 통해 교회와 사회에 이바지한다. 또한 사제를 도와 교회가 하려는 일을 실현한다. 다만 수사는 사제가 될 수 있다. 각 수도회에서 정한 규칙에 따라 성품성사를 받은 수사를 '수사신부'라 한다. 이들은 교구가 아닌 수도회에 속해 사제로 활동한다. 사제가 되더라도 공동체 생활을 하고, 수도회가 가진 사명에 따라 활동한다. 하지만 수녀는 사제가 될 수 없다. 교회법은 사제가 될 수 있는 사람을 '세례 받은 남자'로 제한하고 있다.

축성생활회와 사도생활단

가난하게 살고(청빈), 결혼하지 않으며(정결), 교회의 지도를 따른다(순명)고 약속하고 함께 생활하는 종교 단체들을 통틀어 '축성생활회'라고 부른다. 수도회도 축성생활회 중 하나다. 수도회도 축성생활회다. 공동체 생활을 하며 그 공동체가 추구하는 목적을 위해 활동하지만, 구성원들이 정식으로 서원하지 않은 단체를 '사도생활단'이라

여성 사제는 허용될까?

현재까지 교회법에 따르면 여성은 사제가 될 수 없다. 그 이유로 천주교회는 예수가 남성만을 제자로 선택했고, 역사적으로 남성만을 사도 후계자로 삼았던 관례 등을 들고 있다. 2023년 프란치스코 교황도 "교회에서 여성의 위치는 매우 중요하지만, 여성은 성직에 들어갈 수 없다"라고 단언했다. 하지만 시대가 변하면서 여성도 사제가 될 수 있어야 한다는 주장도 계속 나오고 있다.

한다. 이 단체 구성원은 공식 서원은 하지 않았지만, 공동체에서 마련한 규범을 지키며, 주어진 사명을 다한다. 사도생활단은 기도나 묵상 등 개인의 영적 생활보다 교육, 선교 등 사목 활동에 중점을 둔다.

천주교 사제가 갖춰야 하는 자질

천주교 사제에게 중요한 자질은 무엇보다도 신앙심이다. 신앙과 하느님에 대한 헌신이 없다면 불가능하다. 또한 스스로 '소명'을 느끼고 확신해야 한다. 소명은 단순히 직업을 택한다는 뜻이 아니다. 하느님이 세운 계획에 따라서 자기 삶을 바친다는 믿음 그 자체이다. 또한 독신 생활을 지키며 순수한 마음으로 살아야 하고(정결), 물질적 소유를 하지 않고 검소하고 소박하게 살아가고(청빈), 교회와 상급자를 존중해야 한다(순명). 감정적으로 안정되고, 다른 사람이 하는 말을 잘 듣고 조리 있게 이야기하는 소통 능력, 공동체를 이끄는 지도자가 되기 위한 책임감과 신중함도 갖춰야 한다. 타인이 겪는 고통과 어려움을 자기 일처럼 공감하고, 치유와 도움을 줄 수 있는 자세도 필요하다. 사제가 되려면 철학과 교리, 성서에 관해 깊이 공부해야 한다. 신학 공부를 위한 지적 능력도 빼놓을 수 없다. 사제는 육체적으로나 정신적으로나 힘든 직업이다. 신체적, 정신적 건강과 건강관리도 매우 중요하다.

● 오늘날 한국 개신교와 목사

주요 개신교 조직

교파와 교단

'교파'는 개신교 내에서 신학적 입장, 예배 방식, 교회 운영 방식 등을 함께하는 대규모 집단이다. 역사적 배경과 신학적 차이에 따라 구분하며, 이 구분은 전 세계에 공통으로 적용된다. '장로교', '감리교', '침례교', '성결교', '오순절교', '루터교' 등이 대표적 교파다. '교단'은 한 교파 내에서 개별적으로 조직된 단체다. 같은 교파 내에도 교리 해석 차이, 운영 방식, 행정 체계 등이 차이가 나는 여러 교단이 있다. 예를 들어 장로교 교파 안에도 '대한예수교 장로회(통합)', '대한예수교 장로회(합동)', '대한예수교 장로회(고신)'등 여러 교단이 있다.

우리나라 개신교 주요 교파와 교단

우리나라 개신교는 여러 교파와 교단으로 구성되어 있다. '장로교'는 우리나라 개신교에서 가장 큰 교파이다. 종교개혁자인 '존 칼뱅' 신학을 따른다. 칼뱅주의는 성경이 절대적인 권위를 가지며, 하나님의 뜻에 따라 세상이 운영된다고 믿는 신학이다. 장로교에서는 교회를 대표하는 '장로'들이 모여 교회를 운영하며, 이를 '장로회 정치 체계'라고 부른다.

　‘감리교’는 18세기 영국에서 ‘존 웨슬리’가 시작한 신앙운동에서 비롯되었다. 웨슬리는 단순한 교리를 믿는 데 그치지 않고, 삶에서 실천해야 한다고 강조했다. 감리교는 모든 신자가 거룩한 삶을 살아야 한다고 믿으며, 이를 ‘성결운동’이라고 부른다. 감리교의 교회 운영 방식은 ‘감독 정치 체계’를 따른다, 개별 교회가 독립적으로 운영되는 것이 아니라 일정 지역 단위로 묶여 감독 아래서 관리된다. 이런 지역 단위(연회)에서 교회들을 감독하며, 전체적인 행정을 담당하는 사람을 ‘감리사’라 한다. 대표적인 교단으로 ‘기독교대한감리회’가 있으며, 이들은 사회 문제에도 적극적으로 참여한다.

　‘성결교’는 감리교 영향을 받아 탄생했다. 신자들이 도덕적으로 깨끗하고 경건한 삶을 살아야 한다고 강조하며 성경을 절대적인 기준으로 삼는다. 대표적인 교단으로 ‘기독교대한성결교회’와 ‘대한기독교나사렛성결회’가 있다.

　‘침례교’는 신앙 자유와 개인 결단을 가장 중요하게 여기는 교파다. 침례교에서는 신자가 스스로 신앙을 선택하고, 그 믿음을 고백한 후 침례(세례)를 받아야 한다고 가르친다. 세례를 받을 때 물에 완전히 잠기는 ‘침수 세례’ 방식을 사용한다. 침례교는 중앙 조직이 교회를 통제하지 않는다. 대표적인 교단으로 ‘기독교한국침례회’가 있다.

　‘오순절교단’은 ‘성령 체험’을 중심으로 한 교파다. 방언, 신유, 예언 같은 영적 현상을 강조한다. 이 교파는 부흥 운동으로 급성장했다. 대표적인 교단으로 '기독교대한하나님의성회'가 있다. 여의도순복음교회가 이 교단에 속한다.

'루터교'는 16세기 종교개혁을 이끈 마르틴 루터 신학을 따르는 교파다. 루터교는 '오직 믿음, 오직 성경, 오직 은혜'를 강조한다. 인간이 선행을 통해 구원받는 것이 아니라 하나님의 은혜로 구원을 얻는다고 가르친다. 전통적인 예식을 중요하게 여기며, 성찬식을 정기적으로 시행한다. 대표적인 교단으로 '한국루터교회'가 있다.

이 외에도 '구세군', '정교회' 등이 한국에서 활동하고 있다.

교단에 속한 교회와 독립 교회

대부분 교회는 교단에 속한다. 교회가 없는 지역에 새롭게 교회를 세우려는 목회자는 대개 자기를 목사로 임명한 교단을 따른다. 일정한 신도 수가 생기고 교단에서 마련한 기준에 들어맞으면 교단에 가입할 수 있다. 교단에 가입하면 그 교단에서 정한 규칙을 따라야 한다. 대신 교단으로부터 인력, 재정, 교육 등을 지원받는다. 가입 조건이나 절차, 지원 내용은 교단마다 다르다. 또한 교단은 저마다 위계와 행정 조직을 갖춘다. 대개 개별 교회 – 지역 단위 – 전국 단위로 조직되어 있다.

특정 교단에 속하지 않고 독립적으로 교회를 운영할 수 있다. 신도와 공간, 대표할 목사가 있는 교회는 교단 대신 지방정부에 '비영리종

교단체'로 등록할 수 있다. 일정 규모 이상이 되면 '종교 법인'으로 등록도 가능하다. 교회 등록에 필요한 특별한 법적 자격 제한은 없다. 하지만 실제로 활동하는 종교 단체로 인정받아야 한다.

목사가 하는 일

개신교 목사는 교회와 신도들을 위해 다양한 역할을 한다. 먼저 영적 지도자로서 예배를 주관하고 복음을 전파하며, 설교를 통해 신도들에게 신앙과 도덕적 가르침을 제공한다. 또한 세례식, 성찬식, 혼례식, 장례식 등 종교 의식을 주관하며 신앙생활을 돕기도 한다. 교육자로서 교리와 신학을 가르치고, 교회 교육 프로그램을 지도하며, 신도들이 종교적, 정신적으로 성장하도록 돕는다. 목회 활동으로 신도 가정을 방문하여 소통하고, 아픈 사람과 어려움에 부닥친 이들을 위로하며, 청년을 지도하고 양성하여 신앙과 사회봉사에 헌신하도록 돕는다. 또한 교회에서 하는 선교, 교육, 사회 및 문화적 활동을 기획하고 실행한다. 교회 운영을 책임지고 회의를 주재하며, 교인 기록을 관리하고 교회의 재정을 운영하며 상부 기관에 필요한 사항을 보고한다. 이러한 역할을 통해 개신교 목사는 신도들이 굳센 신앙을 가지도록 하고, 교회를 조직적으로 운영하며, 지역 사회에 좋은 영향을 미치기 위해 노력한다.

목사 외 다른 성직

전도사

'전도사'는 교회에서 설교와 신도 교육을 담당한다. 주로 청년부, 중고등부, 어린이부 등 특정 부서를 맡아 신앙을 지도하며, 다양한 교회 행사와 행정을 지원한다. 신학교를 졸업한 후 일정 기간 교회에서 실습한 후 목사 안수를 받을 수 있다.

선교사

선교사는 국내외에서 복음을 전파하며, 교회 개척, 교육, 의료, 구제 활동 등을 한다. 특정 국가나 지역에서 현지 문화에 적응하며 선교 활동을 펼친다. 해외 선교 외에도 군 선교, 병원 선교, 대학 선교, 산업 선교 등 다양한 분야에서 활동한다. 일반적으로 소속 교단이나 선교 단체에서 보낸다.

장로

장로는 개신교(특히 장로교)에서 선출된 평신도 지도자이다. 담임 목사와 협력하여 교회를 운영하며, 신앙생활을 돕고 상담도 한다. 또한 교회 내에서 중요한 의사결정에 참여하고, 기도 및 봉사활동을 주도한다.

집사

집사는 교회 봉사 및 행정 업무를 담당하는 평신도 지도자다. 예배 진행 보조, 신도 돌봄, 예식 준비, 교회 재정 관리 등을 맡는다. 장로보다는 낮은 직급이지만, 교회 실무 운영에 중요한 역할을 하며, 여러 사역을 지원한다.

권사

권사는 주로 장로교와 감리교에서 여성 평신도 중에서 뽑는다. 신도들 신앙 상담, 기도 모임 인도, 교회 봉사 및 구제 활동을 주관하며, 교회 안에서 여성 신자들을 돌보고 목회자를 보조하는 역할을 한다.

군종사관

군종사관은 군대에서 장교로 복무하며 군인들에게 신앙 상담과 예배를 제공하는 개신교 군목이다. 국방부 소속으로 군인들이 정신적, 신앙적으로 안정되도록 돕는다. 한국 개신교 주요 교단에서 보낸다.

그 외에도 교회 재정과 행정, 시설관리를 담당하는 사람, 성가대와 찬양팀을 지도하는 사람, 기독교적 심리 상담을 제공하는 사람, 신학교에서 신학과 성경을 가르치는 사람, 기독교 관련 출판사, 방송국, 기타 온라인 미디어를 운영하는 사람 등 다양한 전문가가 있다.

목사에게 필요한 자질

천주교와 마찬가지로, 개신교 목사 역시 '하나님으로부터 부르심'을 받았다는 내적 확신과 소명이 가장 중요하다. 매일 매일 종교적 가르침을 잊지 않고 스스로 영적 성장을 추구하는 태도가 꼭 필요하다. 목사는 도덕적으로도 흠잡을 데 없어야 한다. 생활하는 공동체 안과 밖에서 모두 모범이 되어야 한다.

목사는 설교로 말씀을 전하고 교리를 가르친다. 뿐만 아니라 신도가 경험하는 어려움을 돕는다. 따라서 다른 사람이 하는 이야기를 제대로 이해하고, 자기가 하고 싶은 이야기를 정확히 전달해야 한다. 이를 위해 명확하고 효과적인 소통 능력을 갖추어야 한다.

목사는 교회 공동체를 이끄는 지도자이다. 여러 사람이 모이면 다양한 갈등이 생긴다. 또한 교회와 사역 활동에는 많은 사람이 협력해야 한다. 목사는 갈등을 잘 조절해 해결하고, 사람들이 서로 협력하도록 이끄는 리더십이 있어야 한다.

성경 해석 능력을 갖추고 중요한 교리를 정확히 이해하는 능력도 중요하다. 이 때문에 대부분 교단에서는 신학교 졸업을 목사가 되는 필수 자격 조건으로 삼고 있다. 또한 계속 공부해서 영적으로나 학문적으로나 스스로 성장을 추구해야 한다. 목회에 대한 강한 열정과 헌신, 그리고 성실성은 기본이다.

미래의 성직자

● 불교 승려

줄어드는 신도와 승려

한국 불교는 여러 도전에 직면해 있다. 우선 신도 수는 계속 줄어들고 있다. 2015년 760만 명이었던 신도 수가 2025년에는 500만 명 이하로 감소할 것으로 예상한다. 또한 신도 연령대도 계속 높아져 2025년경에는 60대가 주를 이루리라 전망된다. 가장 큰 이유는 저출산과 고령화로 인구가 감소하기 때문이다. 게다가 젊은 층은 종교에 관한 관심도 높지 않다. 승려가 되려고 출가하는 사람도 줄어들고 있다. 승려 수가 줄어들면 사찰 운영이 어려워지고, 결국 신도 수도 줄어드는 악순환이 계속된다.

미래를 위한 준비

한국 불교계는 직면한 도전에 대응하고, 미래를 대비하기 위해 다양한 준비를 하고 있다. 먼저, 사회에서 필요한 지식과 리더십을 갖춘 승려를 양성하기 위한 전문 교육과 환경 문제, 인권, 기술 활용 등에 대한 교육도 강조하고 있다. 또한 불교 정보 시스템 구축, 온라인 법회 및 명상 프로그램 운영, 명상 앱과 짧은 강의 콘텐츠 등을 개발해 젊은 세대와 소통을 강화하고 있다. 환경 문제 해결에도 참여해 사찰을 친환경으로 운영하고 생태적 가치를 수행과 교육에 통합하고 있다. 템플스테이와 한글 경전 보급 등으로 불교에 더욱 쉽게 접근하도록 만드는 중이다. 이러한 노력으로 불교는 전통적 가치를 지키면서도 현대 사회 변화에 적극적으로 대응하고 있다.

디지털 기술을 활용한 포교

승려는 점점 더 많은 온라인 플랫폼을 활용해 법회와 강의를 진행할 것이다. 가상현실(VR)과 증강현실(AR) 기술을 도입해 명상과 교육 프로그램을 개발하는 사례가 늘어날 것이며 인공 지능 기술을 활용해 경전을 분석하고, 신도 상담에 활용하는 방식이 널리 퍼질 것이다. 디지털 시대에 맞춰 불교 수행과 교육 방식도 변화하고 있다. 원격 교육 시스템을 도입하여 승려 양성 과정을 확대하고, 더 많은 사람이 불교 교육을 받을 수 있는 기회를 제공하고 있다. 수행 방법을 영상으로 만들어 더 쉽게 전달하며, 전통적인 수행 방식과 현대 기술을 결합한 새로운 수행법도 탐구하고 있다. 또한, 온라인 커뮤니티를 통해 신도들과 실시간으로 소통하며, 유대감을 강화하고 있다.

사회적 역할 확대

기후 변화, 정신 건강, 인권 문제 등 현대 사회의 여러 과제에 대해 승려들이 적극적으로 참여할 것이다. 불교는 환경 보호와 지속 가능한 삶을 강조하며, 자연과 조화를 이루는 삶이 중요하다는 점을 알려 왔다.

현대 사회에서 증가하는 정신 건강 문제를 해결하기 위해 디지털 치유 기술을 활용하여 명상과 수행을 새로운 방식으로 확산시킬 수 있다. 또한, 빈곤, 갈등, 인권 문제 등 다양한 사회적 문제에 대한 불교적 해결책을 제시하며, 자비와 지혜를 바탕으로 공동체의 화합을 이끌어 가야 한다.

글로벌 네트워크와 연계 강화

불교는 국경을 초월한 종교이며, 승려들도 국제적인 네트워크를 통해 활동할 가능성이 커지고 있다. 다양한 국가의 불교 공동체와 협력하여 포교 활동을 전개하고, 불교적 가치관을 공유할 것이다. 나아가 기후 변화, 평화, 인도적 지원과 같은 글로벌 이슈에도 적극적으로 참여하여 세계에 긍정적인 영향을 미치려는 노력이 늘어날 것이다.

본질은 변하지 않는다

기술이 빠르게 발전하는 시대에도 불교는 변하지 않는 깨달음과 자비의 가치를 전할 것이다. 전통적인 수행 방식은 현대의 도구를 활용하여 보완할 수 있다. 기술은 더 많은 사람이 불교 수행을 실천할 수 있도록 하는 도구이다. 또한 불교는 다양한 문화와 융합함으로써 보편성을 확장하고, 시대와 지역을 초월하는 가르침으로 자리 잡아야 한다. 승려도 단순한 종교 지도자를 넘어 사회적 리더로 확대되어 다양한 사회적 문제를 해결하는 데에 이바지할 것이다.

● 천주교 사제

고령화

전체 사제 숫자는 큰 변화가 없지만. 평균 연령은 점점 높아지고 있다. 2024년을 기준으로 2023년보다 50세 이하 사제는 73명 줄어들었고, 50세 이상 사제는 96명 증가했다. 특히 75세 이상 사제가 22.6% 가량 늘어나 고령화가 진행 중이다(한국 천주교회 통계, 2024 참고). 사제가 되기 위해 신학대학에 입학하는 학생은 83명으로 2019년 145

명에 비해 62명이 줄어들었다. 천주교가 젊은 층에서 인기를 잃었다기보다는 우리나라가 전체적으로 고령화되었기 때문이다.

사제 자격 변화

전 세계적으로 사제를 지원하는 사람이 줄어들면서, 사제 자격을 바꾸자는 주장도 거세지고 있다. 교황이 여성 사제를 거부했지만, 여전히 논의가 진행 중이다. 특히 부제직을 여성에게 허용하는 방안에 대해서는 검토가 진행 중이다. 또한 독신자만 사제가 될 수 있도록 한 현재 규정을 바꿔야 한다는 주장도 있다. 부족한 사제를 보충하기 위해 결혼한 남성에게 사제 서품을 주는 문제도 논의되고 있다. 여성 사제 인정 문제와 결혼한 남성 사제 문제는 앞으로도 계속 논쟁거리가 될 것이다.

사목 환경 변화

기술 발전에 따라 디지털 사목이 더욱 늘어날 전망이다. 디지털 플랫폼을 활용한 미사, 성경 공부, 영적 상담 등 다양한 온라인 사목 방식으로 신자들이 쉽게 접근하도록 하고 있다. 특히 각종 소셜미디어를 도구로 신앙과 종교 메시지를 전파하고 있다. 대부분 교구와 본당은 이미 웹 페이지를 갖추고 있으며, 페이스북, 인스타그램, 유튜브를 통해 신자들과 소통하고 있다. 신앙생활을 돕는 모바일 어플리케이 선도 이미 새롭지 않다. 특히 코로나 유행으로 대면 접촉이 제한되면서 디지털과 온라인을 활용한 사목 활동은 많이 늘어났다. 앞으로는 데이터 분석 기술과 인공 지능을 활용해 신자 개인의 상태와 관심사를 분석하고, 꼭 필요한 교육이나 상담을 제공하는 서비스가 늘어날 것이다.

다양한 활동

현대 사회의 다양한 문제에 대응하기 위해 사제가 하는 일은 점차 늘어나고 있다. 특히 환경 문제가 심각해지면서, 기후 변화와 생태학적 위기에 대응하기 가르침이 강조될 것이다. 또한, 사회 정의를 실현하기 위해 빈곤, 불평등, 인권 문제와 같은 사회적 이슈에 더 깊이 관여하며, 신자들과 함께 구체적인 해결 방안을 모색하는 활동이 늘어날 것이다. 현대인들이 겪는 스트레스와 고립감을 치유하기 위해 신자들에게 심리적 안정을 도모하고 영적 치유를 제공하는 역할이 더욱 중요해지리라 예측한다.

그래도 대신할 수 없는 사제

엄청난 속도로 발전하는 인공 지능과 로봇 기술로 많은 직업이 사라질 위기에 처했다. 하지만 사제직은 인공 지능이나 로봇 기술로 대신할 수 없다. 사제는 신자들과 감정적이고 영적인 교감을 하며, 신자들을 돕고 이끈다. 이는 기술로 대신할 수 없다. 대신 인공 지능과 로봇은 사제가 사목 활동을 할 때 좋은 도구로 쓰일 수 있다. 필요한 정보를 수집하거나 자료를 찾는 상황에서는 기술이 효율적으로 일을 도울 수 있다. 사제직에서 가장 중요한 부분인 종교적 사명과 인간적 관계는 기계가 결코 대체할 수 없는 영역으로 남을 것이다.

● 개신교 목사

대체되지 않는 직업

목사 직업 역시 기술의 발달로 사라지지는 않을 것이다. 영혼이나 정신에 관한 일을 기술이나 기계가 대신하기 어렵다. 조사에 따르면 '목사' 역할을 인공 지능이 더 잘하리라 보는 사람은 약 30%에 불과하고, 절반 이상(55%)은 사람이 더 잘하리라 기대한다(주요 영역별 인공지능 발전 평가 및 직업 수행 전망, 2023, 한국리서치). 다만 목회 활동 방식이나 도구는 기술 발전과 사회 환경 변화에 따라 달라질 것이다.

온라인 미디어를 활용한 목회 활동

코로나19 기간 많은 교회가 유튜브와 페이스북으로 실시간 예배를 진행해 신자들이 집에서 예배에 참여할 수 있도록 했다. 어떤 교회는 예배를 녹화해 원할 때 다시 볼 수 있도록 영상을 제공하기도 했다. 소셜 미디어를 활용해 짧은 영상과 성경 구절을 공유하며 전도 활동을 활발히 펼치고, 유튜브 채널로 성경 풀이, 찬양, 간증 영상을 공유해 전 세계 시청자와 소통하기도 한다. 또한 교회 앱을 개발해 기도 요청, 헌금, 예약 등 다양한 기능을 제공해 신자들이 편하게 참여하도록 하고 있다.

더욱 다양해지는 온라인 활용

앞으로 교회는 온라인과 오프라인 예배를 동시에 드리는 방식은 더욱 늘어날 것이다. 가상현실(VR) 기술을 이용해 신자들이 가상 교회에서 예배에 참여할 수 있는 새로운 방식도 등장할 것이다. 이미 일부 가상 예배를 시도하는 교회도 있다. 증강 현실(AR)을 활용해 성경 이야기를 시각적으로 표현하거나 교회 건물에 AR 콘텐츠를 추가해 교육과 전도를 더욱 풍부하게 할 수 있다.

인공 지능을 목회 활동에 활용

최근 빠르게 발전하는 인공 지능과 데이터 분석 기술을 목회 활동에 이용할 수 있다. 신자들이 성경에 대해 질문할 때 인공 지능을 활용해 빠르게 답할 수 있으며, 데이터 분석으로 신자 개인별로 적절한 맞춤형 교육과 상담 프로그램을 개발할 수 있다. 또한 행정 업무, 재정 관리, 시설 운영 등에 유용하게 활용할 수 있다. 목사가 교육 자료를 만들고 설교 준비할 때 필요한 자료를 찾아 정리하는 데는 인공지능 기술이 유용하다. 이제 목사는 사람만이 제공할 수 있는 영적 지도와 공감, 소통 능력뿐 아니라 기술을 효과적으로 활용하는 능력을 키워야 한다.

종교를 통해 신과 인간을 중재하는 성직자

산업화와 현대화가 이루어지면서 사람들은 성직자가 보장해 주던 내세에 대한 구원 대신 실질적인 현세의 안정을 추구하고 있다. 경제 발전과 생활 수준의 향상으로 죽음에 대한 두려움과 불안은 줄어들었다. 하지만 과학과 기술의 발전에도 불구하고 전쟁, 대량 학살, 환경 파괴 등 새로운 위기들이 등장해 현대인은 또 다른 불안에 직면하고 있다. 이러한 상황은 기존의 종교적 틀 안에서 내세를 중심으로 한 성직자의 역할이 한계를 드러냈다. 이에 따라 성직자들은 전통적인 의례 집행을 넘어 사회적, 정치적 위기에 적극적으로 참여하게 되었다. 로마 가톨릭 교황을 비롯한 여러 종교 지도자들은 인권 보호, 군사 무기 축소, 환경 문제 해결 및 평화 구축을 위한 국제적 협력에 앞장서고 있다. 또한 이런 문제 해결에 종교 간 연대를 통해 글로벌 문제에 공동으로 대응하고 있다. 이제 성직자들은 단순히 신앙의 대변자가 아니라, 사회정의와 인류의 미래를 위해 실질적인 변화를 이끌어야 하는 중요한 역할을 맡고 있다. 앞으로도 이들의 역할은 기술과 사회구조의 변화에 맞추어 지속해서 재정립될 것이다.

어떻게 승려가 될 수 있나요?

승려가 되는 과정

출가

승려가 되기 위해 집을 떠나 수행을 시작하는 것을 '출가'라 한다. 출가하면 사찰에 들어가 승려가 되는 준비를 시작한다. 출가자는 어느 사찰에서 수행할지, 누구를 스승(지도 법사)으로 삼을지 정한다. 사찰에서 6개월 ~ 1년 동안 '행자 교육'을 받는다. 이때 기본 불교 교리, 예절, 생활 습관을 배운다. 출가 조건은 종단에 따라 다르다. 대한불교 조계종은 모든 연령대에서 출가할 수 있도록 제도를 만들었다.

조계종 출가 구분

구분	나이(조건)	기타 특전
소년 출가	만 13세 이상 ~ 만 19세 미만(중고등학교 재학생)	- 승가 교육원에서 공부, 행자 교육 면제 - 종단에서 세운 대학교에 진학 시, 등록금과 수업료 지원
청년 출가	만 19세 이상 ~ 만 30세 이하 (고졸 이상 학력)	- 종단에서 세운 대학교에 진학 시, 등록금과 수업료 지원
일반 출가	만 31세 이상 ~ 만 50세 이하	- 주거, 교육, 의료, 보험 지원
은퇴 출가	만 51세 이상 ~ 만 65세 이하(사회 각 분야 15년 이상 활동)	

득도

행자 교육을 마치면 사미(남성), 혹은 사미니(여성)계를 받는다. 계를 받을 때 머리를 깎고(삭발), 승복으로 갈아입는다(착복). 새 이름(법명)을 받고 삼보(부처님, 불법, 승가)에 귀의함을 맹세한다. 이 과정을 득도라 한다. 삭발, 착복, 법명은 세속과 인연을 끊고 부처님 제자로 다시 태어남을 뜻한다. 사미/사미니 과정에서 본격적인 불교 공부를 한다. 이 과정에서 원하면 불교 대학에서 공부할 수 있다.

수계

사미/사미니 교육을 마치면 정식으로 불교 승려가 될 수 있다. 승려가 되려면 '구족계'를 받는 수계 의식을 치른다. 구족계는 승려가 지켜야 하는 규칙으로 비구는 250가지, 비구니는 348가지이다. 수계를 받고 나면 정식 승려로 등록하고 활동을 시작한다. 이후에는 종단 내에서 다양한 수행을 이어가고, 주어진 일을 한다.

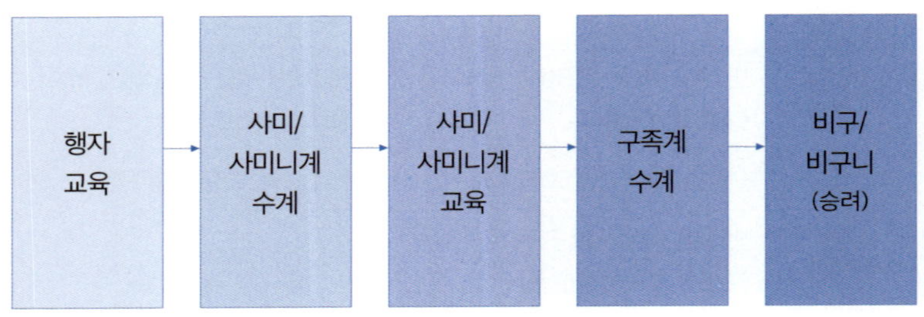

승려가 되는 과정(조계종 사례)

사찰과 승려 현황

사찰 수는 정확하게 알기 힘들다. 약 4천 개로 추산되며, 이 중 대부분은 조계종 산하이다. 사찰 중에서 문화재로 가치가 있는 사찰을 '전통 사찰'이라 하여 문화체육관광부에서 관리한다. 2018년 기준 전통 사찰은 967개이며, 조계종 781개, 태고종 98개, 천태종 1개, 법화종 17개, 기타 70개이다. 사찰은 전국에 고르게 있지만 산간 지역이나 불교가 발달한 경상북도와 전라남도에 많다. 2018년 기준으로 주요 종단에 등록된 승려는 약 2만 3천여 명으로 추산한다. 이중 조계종 소속 승려가 13,327명으로 가장 많다, 작은 종단 소속이거나 등록하지 않은 승려까지 포함하면 훨씬 늘어날 것이다. 비구와 비구니 비

율은 약 6:4 정도이다. 60세 이상 승려가 45% 이상으로 점차 고령화
되고 있다(2018년 한국의 종교 현황, 문화체육관광부).

불교 신자 현황

불교 신자 수는 계속 감소하고 있다. 인구 감소, 젊은 세대의 무관
심, 사회적 변화 등 다양한 요인 때문이다. 1990년대부터 2000년대
초까지 불교 신자 수는 약 1000만 명을 넘었다. 하지만 2010년대 이
후 점차 감소하기 시작해 통계청에서 실시한 '2015년 인구주택총조
사'에서는 약 760만 명으로 줄었다. 2023년에 실시한 조사에 따르면
전체 인구 중 약 17%가 불교 신자로 나타났다. 이를 숫자로 계산하면
약 618만 명이다(2024 종교인식조사, 한국리서치).

어떻게 사제가 될 수 있나요?

사제가 되는 과정

신학교에 입학하기까지

천주교 사제가 되려면 기본적으로 천주교 신자이며, 미혼 남성이여야 한다. 그리고 천주교에서 지정한 신학교를 나와야 사제가 될 수 있다. 신학교에 입학하려면 우선 자기가 소속된 본당 사제로부터 추천을 받아야 한다. 본당 사제는 일정 기간 입학 희망자를 지도하며 신앙심, 인성, 자세, 건강 등 여러 측면을 고려해 추천한다. 추천을 받은 희망자를 각 교구 '성소국'에서 심사한다. 성소국은 교구별로 예비 사제를 교육하는 기관이다. 성소국에서 심사를 통과하면 교구장으로부터 추천서를 받아 신학교 입학시험을 치를 수 있다. 현재 우리나라에는 가톨릭대학교 신학대학(서울대교구), 대구가톨릭대학교 신학대학

(대구대교구), 광주가톨릭대학교 신학대학(광주대교구), 수원가톨릭대학교 신학대학(수원교구), 인천가톨릭대학교 신학대학(인천교구), 대전가톨릭대학교 신학대학(대전교구), 부산가톨릭대학교 신학대학(부산교구) 총 7개 천주교 신학교가 있다. 입학시험 과목은 다른 대학과 비슷하게 서류 심사, 논술, 면접 등이다.

신학교에 입학해서

신학생은 소속 성소국 신부와 신학교 신부로부터 지도받는다. 신학교에서 학부 과정 4년과 대학원 과정 3년을 마쳐야 한다. 또한 '모라토리엄'이라고 해서 봉사활동과 자기 성찰을 하는 1년을 더해야 한다. 만일 군대에 다녀와야 하면 그 기간 2년까지 계산해 총 10년 정도가 소요된다. 반드시 대학 1학년 때에는 '영성관'이라는 기숙사에서 단체 생활을 해야 한다. 대학원에 입학하면 사제복을 받는다.

사제 서품까지

대학원 3학년이 되면 엄격한 심사를 거쳐 부제가 된다. 심사에 통과하지 못하면 유예 기간 1년을 받아 다시 도전하거나, 학교를 그만두어야 한다. 부제는 미사 보조, 강론, 세례 집전, 병자 방문 등 사목 활동을 할 수 있다. 부제 기간을 마치고 나면 주교가 집전하는 사제 서품을 받는다. 서품을 받은 후 정식 사제로 활동한다. 사제가 된 후에도 교회법, 윤리학, 영성학, 상담학 등 다양한 전문 분야를 더 공부하기도 한다. 교회가 필요하면 추가로 학위를 받기도 한다.

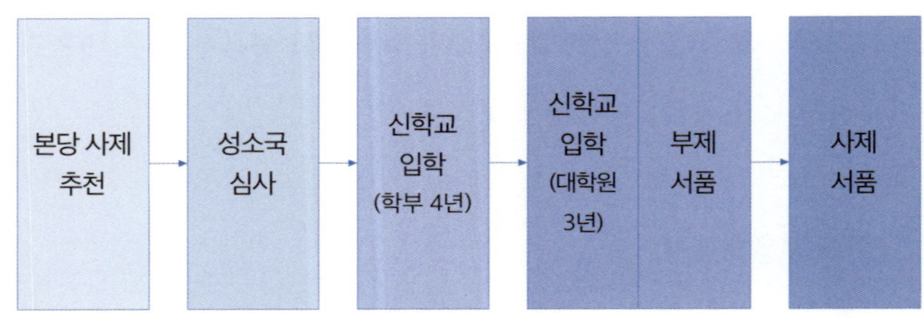

사제가 되는 과정

우리나라 천주교회 현황

현재 우리나라 천주교회는 서울, 대구, 광주 세 관구로 나뉘어 있다. 각 관구에는 교구가 속한다. 이 외에도 군에 복무하는 천주교 신자를 위해 특수한 교구로 '군종교구'가 있다. 군종교구는 관구에 속하지 않고 교황청에서 직접 관리한다.

각 교구에는 주임 신부가 관리하는 성당인 본당이 있다. 현재 전국에 1,789개 본당이 있다. 본당 아래 작은 규모로 '공소'가 있다. 공소는 본당 사제가 정기적으로 방문하여 미사를 집전하고 성사를 진행한다. 공소는 신자 수가 적거나, 본당과 거리가 먼 지역에 둔다. 전국에 702개가 있다(한국 천주교회 통계, 2024).

천주교 사제와 신자 현황

우리나라 사제는 2024년을 기준으로 5,709명이다. 이 중 교구 소속 사제는 4,715명, 축성생활회 소속 사제는 825명, 사도생활단 소속 사제는 146명이며, 외국인 신부는 131명이다.

2024년 기준으로 천주교 신자 수는 5,997,654명으로 2023년에 비해 2만여 명가량 늘어났다. 신자 중에는 여성이 3,418,228명으로 남성 2,579,426명보다 838,802명이나 더 많다. 나이별로는 60~69세가 가장 많아 1,122,763명으로 전체 신자 중 18%를 차지한다(한국 천주교회 통계, 2024).

어떻게 목사가 될 수 있나요?

목사가 되는 과정

목사가 되려면 우선 대학을 졸업하고 신학대학원에 진학해야 한다. 특정 교단마다 교단 성격과 특징에 따라 인정하는 학교를 지정하는 경우가 많다. 신학대학원에 지원하려는 사람은 반드시 자기가 원하는 교단에서 인정하는 학교인지 확인해야 한다.

신학대학원은 보통 3년 과정이다. 졸업하면 신학석사 학위를 받는다. 신학석사 학위는 구분이 필요하다. 목사가 되기 위한 신학대학원에서는 보통 'Master of Divinity(M.Div.)'라는 전문 석사 학위를 준다.

신학대학원을 마치면 교단마다 정해진 경력을 쌓아야 한다. 전도사로 일하기도 하고, 설교를 할 수 있는 '강도사'를 거치기도 한다. 경력을 쌓는 기간 역시 교단마다 다르다. 이 기간에 목회 실습, 설교 훈련, 교회 운영 전반을 배운다. 실습 활동은 교단이나 교회에서 평가하고, 이 결과를 목사 임명 결정에 반영한다.

경력 과정을 마치면 교단마다 정해 둔 자격시험, 즉 '목사 고시'를 치른다. 응시 자격, 시험 과목, 시험 절차가 교단마다 다르기에, 자기가 원하는 교단 규칙을 미리 알아 두어야 한다. 대부분 목사 고시는 논술, 설교 실기, 면접 등으로 구성되어 있다. 합격자는 교단에서 공식적으로 거행하는 '안수按手'식에서 목사로 임명된다. 안수 후 처음에는 주로 작은 교회나 지방 교회에 배치되어 목회 활동을 시작한다.

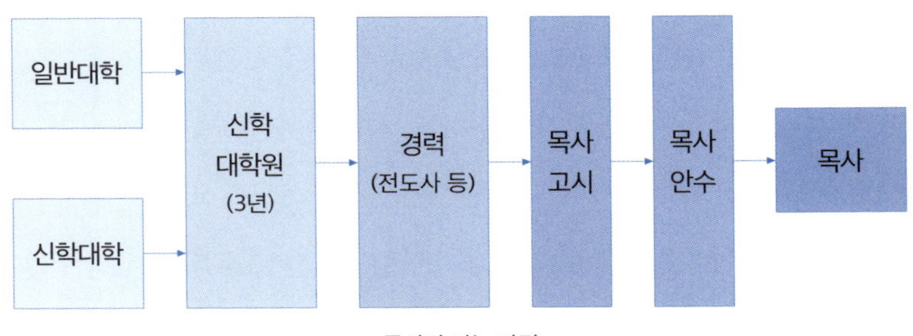

목사가 되는 과정

교회와 목회자 현황

개신교는 교회 설립을 전체적으로 관리하거나 통제하는 가구는 없다. 교회나 교단은 시시각각 생겨나기도 하고, 없어지기도 하고, 통합되기도 한다. 이 때문에 교단 수나 교회 수를 정확히 파악하기 힘들다. 마찬가지로 목사 등 목회자 숫자도 전체적으로 알기 어렵다. 다만 대한예수교장로회(통합)같은 대형 교단은 숫자를 발표하는데, 예를 들어 2023년 12월 31일 기준 대한예수교장로회(통합)에 속한 목사 수는 22,510명이다. 개신교 전체로는 6~7만여 명에 이를 것으로 추산한다.

신자 현황

2024년 한국 개신교 신자 수는 약 828만 명이며, 전체 인구 대비 16.2%를 차지한다. 성별 비율은 남성 40.2%, 여성 59.8%로 여성 신자가 더 많다. 연령별로는 0~9세 6.4%, 10~19세 8.3%, 20대 11.1%, 30대 14.9%, 40대 14.4%, 50대 16.0%, 60대 15.9%, 70세 이상 13.0%이다. 40~59세가 전체 신자 30.4%를 차지하며, 60세 이상 신자는 28.9%이다.

개신교 신자 비율은 2001년 20.6%에서 2023년 16.3%로 감소했으며, 2050년에는 11.9%까지 하락할 것으로 예상된다. 청소년층 신자 비율은 2024년 14.7%에서 2050년 12.5%로 감소하고, 20대와 30대도 26.0%에서 16.7%로 감소할 전망이다. 반면, 60세 이상 신자 비중은 2024년 28.9%에서 2050년 43.9%로 증가하여 고령화가 더욱 심해질 것으로 예상한다 (한국기독교 교세 추계, 목회데이터연구소, 2024).

과목 · 과정	초등학교 과정
5학년 사회	옛사람의 삶과 문화 / 사회의 새로운 변화와 오늘날의 우리
5학년 실과	나의 진로
6학년 사회	우리나라의 정치 발전 / 우리나라의 경제 발전 / 세계 여러 나라의 자연과 문화 / 통일 한국의 미래와 지구촌의 평화

과목 · 과정	중학교 과정
사회1	아시아 / 유럽 / 인간과 사회 생활 / 다양한 문화의 이해
사회2	국제 사회와 한반도 / 사회 변동과 사회문제 / 지속가능한 세계와 글로컬 시민
역사1	문명의 발생과 고대 세계의 형성 / 세계 종교의 확산과 지역 문화의 발전 / 지역 세계의 교류와 변화
역사2	국가의 형성과 발전 / 통일 신라와 발해 / 고려의 성립과 변천 / 조선의 성립과 발전 / 조선 사회의 변동 / 근·현대 사회로의 전환
진로와 직업	직업 세계와 진로 탐색

과목 · 과정	고등학교 과정
세계사	지역 세계의 형성 / 교역망의 확대 / 국민 국가의 형성 / 현대 세계의 과제
동아시아사	동아시아 역사의 시작 / 동아시아 세계의 성립과 변화 / 동아시아의 사회 변동과 문화 교류 / 동아시아의 근대화 운동과 반제국주의 민족 운동
한국사1	근대 이전 한국사의 이해 / 근대 이전 한국사의 탐구 / 근대 국가 수립의 노력
한국사2	일제의 식민 통치와 민족 운동 / 대한민국의 발전 / 오늘날의 대한민국
진로와 직업	직업 세계와 진로 탐색

미래를 여는 경이로운 직업의 역사

종교에 관련된 직업 | 성직자

초판 1쇄 발행 2025년 11월 20일

지은이	박민규
펴낸이	박유상
펴낸곳	빈빈책방(주)
편집	정민주
디자인	기민주
일러스트	김영혜

등록	제2021-000186호
주소	경기도 고양시 덕양구 중앙로 439 서정프라자 401호
전화	031-8073-9773
팩스	031-8073-9774
이메일	binbinbooks@daum.net
페이스북	/binbinbooks
네이버 블로그	/binbinbooks
인스타그램	@binbinbooks

ISBN 979-11-993156-9-3 (44190)